MOBILE/IMMOBILE

MOBILE IMMOBILE

Quels choix, quels droits pour 2030

under the direction of Christophe Gay, Vincent Kaufmann, Sylvie Landriève,
Stéphanie Vincent-Geslin

이 저서는 2018년 대한민국 교육부와 한국연구재단의 지원을 받아 수행된 연구임 (NRF-
2018S1A6A3A03043497)

2030년을 위한 우리의 선택과 권리

모바일/
임모바일

01

크리스토프 게이 · 뱅상 카우프만 · 실비 랑드리에브
스테파니 뱅상 지랑 지음 | 이진형 옮김

앨피

모빌리티인문학은 기차, 자동차, 비행기, 인터넷, 모바일 기기 등 모빌리티 테크놀로지의 발전에 따른 인간, 사물, 관계의 실재적 · 가상적 이동을 인간과 테크놀로지의 공-진화co-evolution라는 관점에서 사유하고, 모빌리티가 고도화됨에 따라 발생하는 현재와 미래의 문제들에 대한 해법을 인문학적 관점에서 제안함으로써 생명, 사유, 문화가 생동하는 인문-모빌리티 사회 형성에 기여하는 학문이다.

모빌리티는 기차, 자동차, 비행기, 인터넷, 모바일 기기 같은 모빌리티 테크놀로지에 기초한 사람, 사물, 정보의 이동과 이를 가능하게 하는 테크놀로지를 의미한다. 그리고 이에 수반하는 것으로서 공간(도시) 구성과 인구 배치의 변화, 노동과 자본의 변형, 권력 또는 통치성의 변용 등을 통칭하는 사회적 관계의 이동까지도 포함한다.

오늘날 모빌리티 테크놀로지는 인간, 사물, 관계의 이동에 시간적 · 공간적 제약을 거의 남겨 두지 않을 정도로 발전해 왔다. 개별 국가와 지역을 연결하는 항공로와 무선 통신망의 구축은 사람, 물류, 데이터의 무제약적 이동 가능성을 증명하는 물질적 지표들이다. 특히 전 세계에 무료 인터넷을 보급하겠다는 구글Google의 프로젝트 룬Project Loon이 현실화되고 우주 유영과 화성 식민지 건설이 본격화될 경우 모빌리티는 지구라는 행성의 경계까지도 초월하게 될 것이다. 이 점에서 오늘날은 모빌리티 테크놀로지가 인간의 삶을 위한 단순한 조건이나 수단이 아닌 인간의 또 다른 본성이 된 시대, 즉 고-모빌리티high-mobilities 시대라고 말할 수 있다. 말하자면, 인간과 테크놀로지의 상호보완적 · 상호구성적 공-진화가 고도화된 시대인 것이다.

고-모빌리티 시대를 사유하기 위해서는 우선 과거 '영토'와 '정주' 중심 사유의 극복이 필요하다. 지난 시기 글로컬화, 탈중심화, 혼종화, 탈영토화, 액체화에 대한 주장은 글로벌과 로컬, 중심과 주변, 동질성과 이질성, 질서와 혼돈 같은 이분법에 기초한 영토주의 또는 정주주의 패러다임을 극복하려는 중요한 시도였다. 하지만 그 역시 모빌리티 테크놀로지의 의의를 적극적으로 사유하지 못했다는 점에서, 그와 동시에 모빌리티 테크놀로지를 단순한 수단으로 간주했다는 점에서 고-모빌리티 시대를 사유하는 데 한계를 지니고 있었다. 말하자면, 글로컬화, 탈중심화, 혼종화, 탈영토화, 액체화를 추동하는 실재적 · 물질적 행위자agency로서의 모빌리티 테크놀로지를 인문학적 사유의 대상으로서 충분히 고려하지 못했던 것이다. 게다가 첨단 웨어러블 기기에 의한 인간의 능력 향상과 인간과 기계의 경계 소멸을 추구하는 포스트-휴먼 프로젝트, 또한 사물 인터넷과 사이버 물리 시스템 같은 첨단 모빌리티 테크놀로지에 기초한 스마트 도시 건설은 오늘날 모빌리티 테크놀로지를 인간과 사회, 심지어는 자연의 본질적 요소로 만들고 있다. 이를 사유하기 위해서는 인문학 패러다임의 근본적 전환이 필요하다.

이에 건국대학교 모빌리티인문학 연구원은 '모빌리티' 개념으로 '영토'와 '정주'를 대체하는 동시에, 인간과 모빌리티 테크놀로지의 공-진화라는 관점에서 미래 세계를 설계할 사유 패러다임을 정립하려고 한다.

기욤 페피|Guillaume Pépy * 프랑스국영철도 사장

서문
Preface

우리는 많이 이동한다. 자주, 그리고 멀리.

이동은 우리 실존의 핵심에 있다. 이동은 정서 생활과 교우 관계, 그리고 우리의 활동—일, 여가, 교육—을 가능하게 하고 또 결정한다. 이동은 우리에게 자연스러운 일처럼 보인다. 권리. 주어진 것.

우리는 모빌리티에 대한 권리를 자유의 주요 원천 가운데 하나로 인식한다. 모빌리티에 대한 권리를 인식하고 요구하는 것이다. 우리는 더 많은 고속도로, 더 많은 고속철도 노선, 더 많은 지하철, 더 많은 전차, 더 많은 자동차 안전 · 편의 · 주행보조장치, 그리고 더 많은 운행을 요구한다. 예를 들면, (자유와 관련해서는 파리의 벨리브Vélib[1] 같

---

1 (역주) 자전거Vélo와 자유Liberte의 합성어. 프랑스 파리에서 2007년부터 운영하고 있는 무인 자전거 대여 서비스.

은) 셀프서비스 자전거. 이동은 늘 테크놀로지 진보의 열매를 향유해 왔다. 기차, 자동차, 비행기는 갈수록 압도적으로 우리의 이동 잠재력을 증진시켰고, 그로 인해 우리는 우리 삶, 우리가 살아가는 도시, 그리고 우리가 그 속에서 진화해 가는 주변 환경을 변화시켰다.

이 모든 것들의 이면에는, 우리가 이동 빈도와 이동 조건을 많은 경우 그저 "참아 낸다"는 사실이 있다. 이동 조건은 우리 삶의 현재 구조와 여기서 우리가 추구하는 안정감을 해칠 수 있다. 하지만 그런 제약이 모빌리티에 대한 권리를 의문시한 것은 아니었다.

오늘날 이동 수단 및 그에 수반하는 생활양식과 관련하여 우리가 르네상스에 진입했음은 의문의 여지가 없다. 모든 것이 변하고 있다. 한편으로 지금 우리가 직면하고 있는 다양한 환경 위험과 에너지 위기는 제약이 되는 것들이다. 이것들은 천연자원 부족과 그 희소성을 잘 관리하기 위해서 우리 삶의 방식에 대한 혁신적 조치와 변화를 요청한다.

다른 한편 기회도 아주 많다. ─ 가장 주목할 만한 것으로는, 교통에 관한 한 사용 조건을 변화시키는 새로운 정보통신테크놀로지의 등장과 그 지속적 발전이 있다. 이는 새로운 행위자들을 등장시키고 그들에게 새로운 힘을 부여한다. 우리는 어떻게 공유할 것인지, 어떻게 절제할 것인지, 그리고 어떻게 아낄 것인지 배우고 있다. 몇 가지 예를 들어 보자. 새로운 정보테크놀로지, 자동차 공유 또는 승차 공유, 자전거와 전기자동차 등은 오늘날 교통·통신수단의 편성을 완전히 바꾸어 놓고 있다. 우리의 교통 선택지와 미래 계획 또한 당연히 그에 의해 영향을 받을 것이고, 그래서 다시 조정되어야 할 것이다. 도시계획 정책과 기업의 지역화 전략도 재검토가 필요하다.

그러한 변화가 국제 모빌리티 그룹인 프랑스국영철도SNCF의 관심사다. 프랑스국영철도는 효과적인 복합운송수단intermodality을 개발함으로써 합리적이고 책임감 있는 모빌리티 증진 작업을 하고 있다. 각 교통수단의 적절성을 고려하고, (할 수 있는 한) 기차를 교통수단으로 이용할 것을 지향하면서, 그리고 소프트하거나 가볍거나 공유하는 교통수단을 촉진하면서 말이다. 이런 변화들은 결정되어 있는 것이 아니다. 그래서 그 변화들을 예측하고 이해하지 않으면 안 된다. 그 변화들과 함께해야 한다.

프랑스국영철도는 그런 변화들과 그에 따른 효과를 현행의 연구로 써 측정하고 자료화할 수 있는 기관을 창설하고자 했다. 학문 집단과 예술가들의 지식을 국제적 · 학제적 맥락에서 활용할 수 있는 기관 말이다. 이 기관에서 수행하는 생활 방식에 대한 논의와 성찰은 대중 과 공유할 수 있도록 설계되어 있다.

복합적 변화들, 그리고 그에 결부된 기술적 · 사회적 · 경제적 · 생 태적 · 정치적 함의들은 예술가, 학자, 기업 종사자 등와 함께 인문학 및 사회과학 분야 연구자들 사이의—금기 없는—자유롭고 열린 토론을 요청한다. 이 독립기관은 향후 '모바일 라이브스 포럼Mobile Lives Forum'이 된다.

당신이 손에 들고 있는 이 책은 모바일 라이브스 포럼의 초기 성과 가운데 하나다.

즐거운 독서가 되기를!

차례

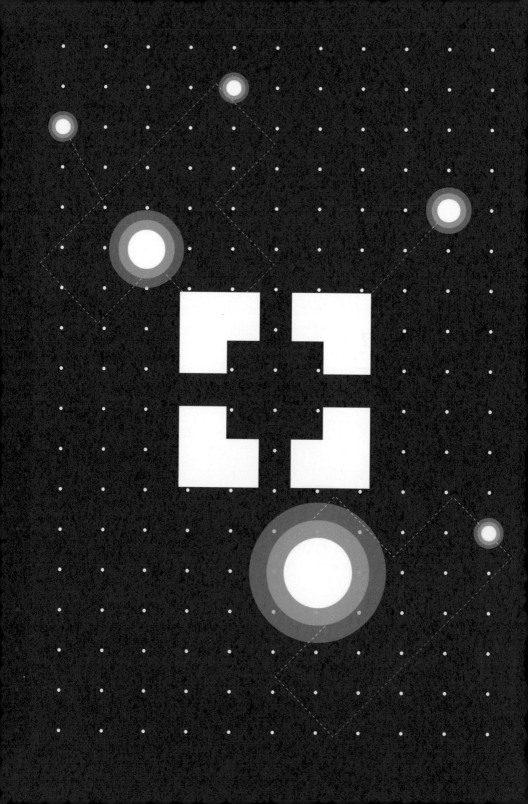

크리스토프 게이*Christophe Gay*, 뱅상 카우프만*Vincent Kaufmann*,
실비 랑드리에브*Sylvie Landrième*, 스테파니 뱅상 지랑*Stéphanie Vincent Geslin* *

모빌리티에 대한 권리란 무엇인가?

What Right to
Mobility?

* 모바일 라이브스 포럼 출판이사

오늘날 서구 사회에서 인간의 활동은 다—공간적multi-spatial이다. 우리는 광범위한 모빌리티 시대를 살고 있다. 모빌리티는 단순한 관행 이상으로 우리 사회의 근본적 가치들 가운데 하나가 되었다. 말하자면, 모빌리티는 갈수록 유연함에 대한 의무와 이동에 대한 의지(오늘날 모든 사람은 움직일 수 있어야 한다는 가정)로 이어진다.

〈세계인권선언the Universal Declaration of the Human Rights〉제13조에 따르면, "모든 사람은 자유롭게 이동할 권리를 갖는다." 지난 세기 이 조항은 모빌리티에 대한 권리라는 관념으로 이어졌다. 이 책에서 우리는 이동적이어야 한다는 의무와 관련하여, 그리고 2030년을 앞둔 지금 그 의무의 실행과 관련하여 모빌리티에 대한 권리에 문제를 제기하려고 한다.

오늘날의 세계에서 **모빌리티에 대한 권리**는 정확히 무엇을 의미하는가? 우리가 원할 때 원하는 곳으로 이동할 권리인가? 교통수단을 선택할 권리인가? 모빌리티에 대한 권리와 이동에 대한 권리를 동일시하는 것에 문제를 제기할 수는 없는가? 어쨌든 모빌리티는 순전한 공간적 표현으로 환원될 수 없다. 모빌리티에 대한 권리는 변화에 대한 권리이기도 하지 않은가? 누군가의 열망을 실현할 수 있는 권리는? 갈수록 전기통신의 즉각성으로 표시되는 세계에서 이동과 모빌리티는 동일한 것인가? 그리고 그런 테크놀로지 시스템의 수많은 용법들로 인해서 우리는 정말로 더 이동적이게 되는가? 오늘날 근대사회가 모빌리티에 대한 권리를 실제로 실행하고 있다고 볼 수 있는가?

더욱이, 오늘날 모빌리티에 대한 권리는 대기오염 및 에너지 소비와 관련한 지속가능성 문제와 조화를 이루어야만 한다. 도시 확산, 그리고 "러바니제이션rubanization"[1]에 영향을 받는 지역은 지금과 같은 속도로 계속 확대될까? 내일의 이동은 어떤 모습일까? 지역, 생활양식, 그리고 사회적·공간적 불평등은 어떤 영향을 받게 될까?

몇 가지 화제를 중심으로 간단하지 않은 대답을 해 보자.

---

1 (역주) 도비화都鄙化. 농촌Rural과 도시Urban의 합성어로 도시성과 농촌성이 혼재하는 공간을 의미.

이동travel과 모빌리티는
동의어가 아니다

역사적으로 이사하기moving나 이주하기migrating는 누군가가 출신 문화와 환경에서 (많은 경우 단호하게) 떨어져 나와 대도시에서 뿌리 뽑힘 과정과 타자성을 경험하는 일, 또는 멀리 떨어진 나라에서 엑조티시즘exoticism[2]을 경험하는 일을 의미했다. 이주하기는 떠나기, 즉 전인미답의 영토를 발견함으로써 자기 자신을 풍요롭게 하는 일, 더 정확하게 말하면 자기발견이라는 진정한 실존적 여행에 착수하는 일을 의미했다.

오늘날에는 일 때문에 집에서 멀리 떠나 있다고 해도, 단지 다른 장소에 다시 뿌리를 내리기 위해서 뿌리를 뽑힐 필요가 없다. 지금의 이주는 통신테크놀로지 덕분에 더 이상 문화, 가족, 환경 등과의 결정적 단절이 아니다. 사실상 교통과 전기통신의 속도 잠재력은 모빌리티보다 정주성sedentarity을 유발한다(Vincent-Geslin and Kaufmann, 2011). 많은 이들이 다른 주거지로 이사하지 않으려고 자동차를 이용하고, 그래서 그들은 도시 외곽에 정착할 수 있다. 미래에도 우리는 이동을 (특히 고속 이동 또는 원거리 이동일 경우) 여전히 모빌리티에 대한 권리의 적합한 사례로 보게 될까?

2　(역주) 이국의 정취에 탐닉하는 경향.

빨리 가기는 더 이상
자유의 분명한 신호가 아니다

여행―더 빈번한, 더 먼 거리의, 더 빠른 여행― 횟수의 증가가 여행
의 실체 또는 여행 기저의 동기에 관해 말해 주는 것은 그리 많지 않
다. 어떤 교통양식이 존재한다는 사실이, 그 교통양식이 자동적으로
사용될 것임을 의미하지는 않는다. 이와 마찬가지로, 개인들이 정말
로 **계속해서** 자동차로 통근하기를 바라는 것은 대부분의 통근이 자동
차로 이루어지기 때문이 아니다. 나아가, 매일매일 아주 멀리 아주 빠
르게 이동하는 이들은 대개 속박의 거미줄에 최고도로 사로잡혀 있
는 사람들이다. 그들 중 일부가 근접성proximity과 느림의 권리를 요구
할 만큼 말이다. 실제로 전체 가구 가운데 4분의 1 정도는 좀 더 근방
에서 생활하기를 열망한다(Thomas, 2011). 그런데 미래에는 어떤 일이
일어날까? 지속가능성 문제 앞에서 국가는 이동을 규제할 수밖에 없
을까? 예컨대, 우리는 한 고장에서 생활하고 일해야만 할까?

지역들은
더 동질화되고 있다

대규모 교통 및 전기통신 시스템의 도입으로 개별 지역들이 동질화

되면서 거리 문제는 흐려지게 되었다. 도시와 지방은 도시성의 상이한 형태들로 조직된다(Donselot, 1999; Vanier, 2000). 그런 맥락에서 볼 때, 여행은 이제 변화를 보장해 주지 못한다. 지금까지 10년이 넘도록 연구자들은 관광의 종말을 예견해 왔다. 그렇다면 미래, 즉 우리가 움직임을 통해서 더 이상 물리적으로나 문화적으로 "다른 어딘가somewhere else"를 발견하지 못하게 될 미래에, 모빌리티에 대한 권리는 어떤 의미를 갖게 될 것인가?

교통은 더 비싸지고 있다

자동차와 대중교통에 의한 이동의 증가는 새로운 인프라와 서비스에 대한 지속적 투자를 요구한다. 이런 나선형 성장에서는 공급이 수요에 기초하는 경향이 있다—포화 지점에 이를 때까지 말이다(Orfeuil, 2005). 그래서 예를 들면, 공공투자를 제한하기 위해서 통행료 또는 시간대별 차등 요금제를 도입해야 한다는 엄청난 유혹을 받게 된다(Raux, 1992). 이동과 교통은 앞으로 부자들의 특권이 될 것인가? 아니면, 거꾸로 모든 사람이 자전거, 전기자동차, 자동차 공유 시스템 같은 소프트한 교통양식을 이용해서 돌아다니게 될까?

속도가
교통을 추월했다

전기통신 시스템은 광범위한 신속성, 즉 여러모로 교통을 낡은 것으로 만드는 그런 신속성을 염두에 둔다(Jauréguiberry, 1996). 속도의 견지에서 보면 가장 빠른 차량도 인터넷에 견줄 수 없다. 그렇다면 지상의 교통 속도가 계속 향상되고 있다는 말은 여전히 타당한가? 스포츠카와 콩코드비행기는 더 이상 꿈이 아니다. 하지만 일본 어린이들의 꿈은 여러 가지 보조 기능이 있는 스마트폰을 갖는 것이다.[3] 미래에는 물리적 이동이 전자통신과 화상회의로 대체될까?

대중교통만이 모빌리티 권리를
보증해 주는 것은 아니다

모빌리티 권리는 많은 경우 대중교통에 대한 접근권으로 여겨진다. 그러나 연구에 의하면, 접근만으로는 이용을 보증하지 못한다. "전차는 도심부로 가지만, 내가 거기에 가서 무슨 일을 한다는 말인가? 나는 그곳을 좋아하지 않는다"(Maksim, 2010). 이동적이라는 것being mobile

---

3 http://japon.aujourdhuilemonde.com/les-jeunes-boudent-les-voitures-et-lalcool 참조.

은 계획, 기획, 열망 등이 있음을 의미하는 것이기도 하다. 개별 모빌리티individual mobiltiy를 궁극적 목표로 삼는 개인들에게 대중교통에 대한 접근권을 제공하는 이유는 무엇인가? 모빌리티에 대한 권리는 여전히 미래의 교통이라는 견지에서 사유되어야만 하는가?

모빌리티 자유는 많은 이민자들에게 매우 제한적이다

모빌리티에 대한 권리를 말할 때면 우리는 보통 여행에 관해, 또는 매일 돌아다니는 것에 관해 이야기한다. 그리고 어떤 교통양식에 접근하는 것이 제한되거나 아예 불가능할 때 마주치는 어려움을 말한다. 이민자들의 모빌리티 권리―특히 남쪽 국가 출신 이민자들에게 매우 제한적인 권리―에 대해서는 거의 이야기하지 않는다(Wihtol de Wenden, 2009, 2010). 세계에 무제한적으로 접근할 수 있는 권리는 (세계 인구의 4분의 1보다 적은) 30개국의 국민들 또는 서구 국가들에게만 허용된다. 미래에는 모빌리티에 대한 권리가 모두를 위한 것이 될까?

이 책(전 2권)은 이런 문제들을 되새기면서 북쪽에서 남쪽으로 향하는 앞으로의 여정, 즉 지금과 2030년의 모빌리티·이동에 대한 권리를 살펴보는 여정을 제안한다. 이 여정에는 법학과 인류학에서 경제학과 사회학까지 광의의 인문과학을 전공하는 20여 명의 저자가 함께한다.

정치학자 줄리안 보드로Julie-Anne Boudreau는 모빌리티와 시민권의 연결 고리를 검토한다. 이를 통해 보드로는 근대 서구 세계에서 개인이 움직임을 통해 획득한 기술을 토대로 시민권을 구축한다는 중요한 생각을 제시한다.

법률가이자 정치학자인 카트린 비톨 드 뱅당Catherine Wihtol de Wenden은 우리를 더 멀리 데려간다. 뱅당은 2030년이 되면 모빌리티 권리가 인권이 될 것인지 묻는다. 뱅당에 따르면, 세계 모든 지역은 인구의 출발·도착·경유 등으로 관계를 맺고 있고, 그래서 국가 주권과 개인 모빌리티 사이에는 역설적 간극이 있다. 이 간극이 갈등을 유발하지 않은 채 계속 유지될 수 있을까?

사회경제학자 장 피에르 오르푀유Jean-Pierre Orfeuil는 모빌리티 권리가 자유에 대한 권리도 교통에 대한 권리도 아닌, 해야 할 의무에 기초한 긍정적 권리라고 주장한다. 예를 들어, 자기 자신의 생계를 책임져야 한다는 것은 이동적이어야 한다는 의미를 내포한다. 그래서 모빌리티에 대한 권리는 사회정의를 보장하는 데 반드시 필요하다.

교통경제학자 이브 크로제Yves Crozet는 모빌리티 권리의 실체와 관련해서 우리의 눈을 뜨게 해 준다. 서구에서 시간 절약에 대한 탐구가 전혀 사라지지 않았음을, 오히려 빨리에서 더 강렬한 빨리로 변모했음을 주장함으로써 말이다. 모빌리티에 대한 권리를 생활 방식의 차원에서 사유하는 것은 무엇 때문인가? 모빌리티 불평등은 테크놀로지 시스템의 속도에 대한 접근권의 견지에서만 측정할 수 있는 게 아니다. 모빌리티 불평등은 복잡하고 강렬한 활동 계획에 대한 접근성의 견지에서도 측정할 수 있다.

철학자 올리비에 몽쟁Olivier Mongin 역시 속도 문제를 꺼낸다. 공간이 움직임 속에 있을 것을 요구하듯이, 모빌리티란 인류학적 불변자임을 지적함으로써 말이다. 몽쟁은 테크놀로지 시스템의 속도 잠재력 증진과 기억·연대의 느린 속도 사이에 존재하는 모순을 만회하기 위해 이동적 생활 리듬의 감속을 계속 찬양한다. 이 관점에서 그는 공공 부분의 정비를 요청한다.

공학자 후안 파블로 보카레호Juan-Pablo Bocarejo는 논의를 진전시키고자 우리를 남쪽 국가들로 데려간다. 보카레호는 라틴아메리카에서 모빌리티 권리란 무엇보다 서비스와 시설에 대한 접근권 문제라는 사실에 주목할 것을 요구한다. 장기적 관점에서 그가 강조하는 것은 자동차 수의 급증으로 조성된 광범위한 부동성과 그로 인한 평등주의적 부동성이다. 인프라에 대한 투자가 수단의 부족 때문에 그런 급증에 부응하지 못한다는 맥락에서 말이다.

도시설계가 마티아스 에차노브Matias Echanove와 민족학자 라훌 스리바스타바Rahul Srivastava도 이와 동일한 방식으로 최근 인도 도시화의 전개를 분석한다. 이들은 인도 도시화의 기저에 놓여 있는 도시 모델이 서구 도시가 맞닥뜨린 것과 동일한 문제를 유발하게 될, 서구의 과거 모델에 불과함을 보여 준다. 기능 분리, 공간 분할과 파편화, 이와 함께 전개되는 모빌리티는 인도 도시들의 미래다.

사회학자 스벤 케설링Sven Kesselring은 미래의 노동 세계를 토대로 미래 모빌리티를 분석한다. 케설링에 따르면, 작은 크기의 고성능 디지털 기기 덕분에 재택근무는 훨씬 더 광범위하게 이루어질 것이고, 2030년이 되면 세계는 더욱더 유동적인 공간이 될 것이다. 정주성 sedentarity은 멀리 이동하는 사람들이 부러워하는 특권이 될 것이다. 이런 변화의 맥락을 고려할 때 이동할 수 있는 능력, 즉 모틸리티는 안정적 원거리 관계 수립과 사회적 결속 측면에서 중요한 자원이 된다.

끝으로, 도시설계가 프랑크 셰레Franck Scherrer는 정주성 문제를 제기하면서 유머러스하게 2030년 11월 14일의 제11회 정주 구역 학술 대회장으로 우리를 데려간다. 그는 모빌리티에 대한 권리, 즉 능동적 모빌리티라는 독선적·이데올로기적 의무가 되어 버린 그 권리를 격하한다. 모빌리티에 대한 권리는 또한 이동적이지 않을 권리이기도 할까?

참고문헌

Donzelot (J.), «La nouvelle question urbaine», *Esprit*, novembre 1999.

Jauréguiberry (F.), «De l'usage des téléphones portables comme expérience du dédoublement et de l'accélération du temps» *Technologies de l'information et Société* (TIS), 8(2), 1996, pp. 169-187.

Maksim (H.), «Potentiels de mobilité et inégalités sociales : la matérialisation des politiques publiques dans quatre agglomérations en Suisse et en France», Thèse n°4922, Lausanne, EPFL, 2010.

Orfeuil(J.-P.), «L'évolution du financement public des transports urbains», revue *Infrastructure et mobilité*, n°49, septembre 2005.

Raux (C.), «Congestion et crise du financement des transports à Lyon: vers un péage urbain», in Raux (C.), Lee-Gosselin (M.), *La mobilité urbaine, de la paralysie au péage?*, Programme Rhône-Alpes, recherches en sciences humaines, Centre Jacques Cartier (Ed.), 1992.

Thomas (M.-P.), «En quête d'habitat : choix résidentiels et différenciation des modes de vie familiaux en Suisse», Thèse, Lausanne EPFL, 2011.

Vanier (M.), «Qu'est-ce que le tiers espace ? Territorialités complexes et construction politique», *Revue de géographie alpine*, tome 88, n°1., 2000, pp. 105-113.

Vincent-Geslin (S.), Kaufmann (V.) (eds.), *Mobilité sans racine*, Descartes & Cie, Paris (à paraître).

Wihtol de Wenden (C.), *La Globalisation humaine*, Paris, PUF, 2009.

Wihtol de Wenden (C.), *La question migratoire au XXIe siècle. Migrants, réfugiés et relations internationales*, Paris, Presses de Sciences-Po, 2010.

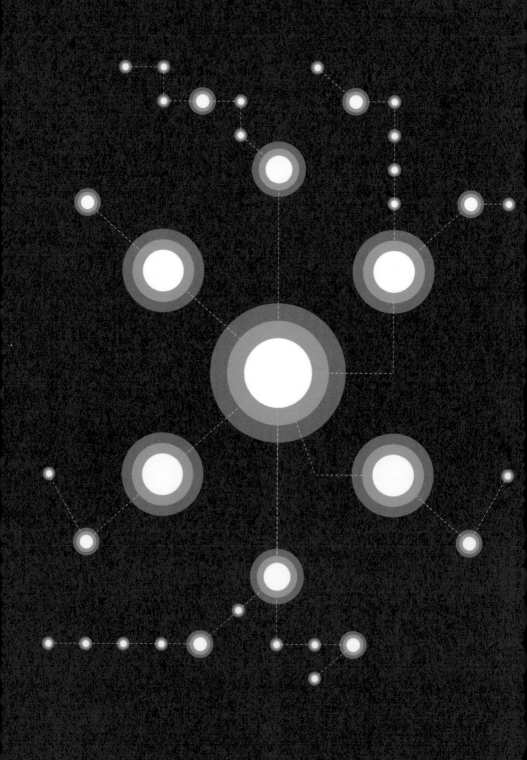

줄리안 보드로Julie-Anne Boudreau *

모빌리티에 대한 권리, 시민에 대한 권리? 모빌리티 실행과 정치적 행동

Rights to Mobility, Rights to Citizenship? Mobility Practices and Political Action

* 캐나다 도시 · 위협 · 정치 활동 연구위원장 겸 부교수, 몬트리올, 캐나다

— 네가 아무에게도 말하지 않고 순전히 혼자서 버스를 처음 탔을 때
  이떤 느낌이었지?
— 다 컸다! (*Marie*, *20*)

미국에서 시민권의 구성은 모빌리티 권리mobility right라는 관념을 강
조한다. 팀 크레스웰T. Cresswell(2006)이 말했듯, 미국인들은 헌법 자
체에 명시하지는 않았지만 모빌리티를 기본권으로 만들었다.[1] 법학
은 재화와 개인의 자유로운 이동이 기본 원리임을 보여 준다. 1994년

---

1 모빌리티에 대한 권리가 캐나다의 〈인권과 자유 헌장the Canadian charter of rights and freedoms〉 및
   〈세계인권선언〉에 포함되어 있다는 사실은 잠시 잊자.

버스승객조합Bus Riders Union(BRU)은 도심행 버스의 운행 횟수를 두고 로스앤젤레스 메트로폴리탄 교통국the Los Angeles Metropolitan Transit Authority(LAMTA)과 싸워 승리했는데, 이 역시 개인의 자유에 기초한 것이었다. 버스승객조합은 도시 교외행 열차 운항에 투자하려는 메트로폴리탄 교통국의 결정에 이의를 제기했다. 그 결정이 궁극적으로 부유한 주민들을 위한 것이었기 때문이다. 조합 측의 주장은 1960년대 민권운동의 영향을 받은 것으로, 버스 이용자들 대부분이 가난한 비-백인으로서 차별을 받았고 그래서 이동의 자유도 전혀 누리지 못했음을 보여 준다.

북아메리카에서 모빌리티는 무엇보다도 개인의 권리로 인식된다. 또한 그것은 민족에 대한 개인의 소속감을 육성하는 방식으로 인식되기도 한다. 크레스웰에 따르면, 아메리카 대륙은 황금이 있는 곳으로 이동하면서, 나중에는 일자리가 있는 곳으로 이동하면서 건설되었다. 따라서 아주 다양한 모빌리티 프로그램 기저에는 집단정체성 형성이라는 관념이 놓여 있다. 캐나다의 경우 영어권 지역과 프랑스어권 지역 간 교류 프로그램이 그 사례에 해당한다. 이 프로그램의 목표는 각 집단 출신 젊은이들 사이의 접촉을 장려하고, 그 상호작용의 결과 그들이 서로의 차이를 자각함과 동시에 공유된 (캐나다) 정체성을 계발하는 방법을 배우도록 하는 데 있다.

곧, 모빌리티는 개인의 권리이자 민족-형성의 수단인 것이다. 이는 국가와의 법적 연결(한 묶음의 권리와 책임), 그리고 민족과의 정서적 연결을 내포한다는 점에서 훨씬 더 엄격한 시민권 규정이다. 시민권은 또한—실행에 기초하여 서로 갱신되는—정치적 관계들(요구, 다툼, 협상)의 총체를 내포한다. 그렇다면 정치적 행위자는 어떻게 형성되는가?

자유주의 사회에서 행위자는 '자율적autonomous'인 한에서 적법하게 인식된다. 자율적 개인은 행위할 수 있는 능력, 그리고 타자들의 행위에 영향을 줄 수 있는 능력이 있는 자다. 개인은 그 또는 그녀가 사회적 규범을 완전히 흡수할 때 행위자가 된다(홉스가 사회계약에 대한 자발적 굴복이라고 묘사했던 것). 그러므로 민주주의 사회를 틀 짓는 자유주의 철학에서 자율성은 자아에 대한 통제(규범의 흡수)이자 사회적 통제로 이해된다. 이때 우리는 개인적 성취나 자신감 같은 것을 거기에 덧붙이기도 한다. 모빌리티는 자율적 개인을 구성하는 데 일조하는가?

(불균등하게 분배되어 있을지라도) 무수한 선택지가 있는 시대에 모빌리티란 사회적 행위에 필요한 기술 계발을 가능하게 해 준다고 주장하고 싶다. 시민권의 실행, 곧 정치적 운동의 수준에서 또한 자신의 거주지에 대한 일상적 참여 수준에서 사회적·정치적으로 행위하려면 몇 가지 기술이 필요하다. 다양한 도시 리듬의 속도로 표시되는 환경에서 재빨리 행동하는 법 배우기, 급증하는 정보 관리하기, 선형 형태 대신 그물 형태로 사유하기, 다른 것들을 결합하여 창작하는 법 배우기(창조성), 위험 감수하기(결과를 정확히 예측하지 않은 채로도 행

동하기), 행위 지역을 측량된 표면metric surface(지리학적 지대) 대신 장소들의 집합으로 사유하기(위상학적 사유) 등이 그것이다.

아동지리학이나 환경심리학 관련 저작들에 따르면, 어린이의 공간 습득에서 가장 중요한 것은 자율적 모빌리티다. 사실 모빌리티는 인지적 발전 또는 운동감각적 발전 이상으로 능숙함의 감각을 발전시켜 준다. 젊은 사람이 그 또는 그녀의 환경에 참여하도록 장려하는 그런 감각 말이다. 따라서 모빌리티는 개인의 발전에, 그리고 개인이 스스로를 사회적 행위자로—나아가 시민으로— 만드는 방식에 영향을 준다. 이동적이라는 것은 우리 존재와 우리의 사회적 · 정치적 행위 방식을 형성하는 특정한 경험을 사는living 것이다.

우리는 두 집단, 몬트리올의 젊은이들과 로스앤젤레스의 여성 이주민들을 대상으로 이런 전제를 검토했다. 이 두 집단에서 도시 간 모빌리티와 여행 모빌리티/또는 이주 모빌리티를 분석했다. 우리는 주체성 구성에서 모빌리티 실행이 수행하는 역할(자아의 발견)을 이해하고자 했다. 행동을 위한 자신감을 형성함으로써, 또한 행동하기와 사회적-정치적 참여라는 견지에서 적법성의 감각을 지님으로써 말이다. 무엇보다도 적법성의 감각은 모빌리티와 관련된 두 유형의 행동—탐구Exploration와 비교Comparison—을 통해 시민의 실천에 영향을 주었다.

피에르(17세)의 사례는 웅변적이다. 그는 자신이 어떻게 부모 몰래 자전거로 몬트리올에 거주하는 이웃들을 '탐구하는지' 설명한다.

— 그래서 당신은 그들을 어떻게 생각해요? 당신처럼 탐구하지 않는 다른 젊은이들 말입니다. 당신은 그들이 모르는 무언가를 알고 있다고 느끼나요? 그 느낌이 소중합니까?

— 소중함? … 그건 그냥… 좋아요. 그건 문화를 가르쳐 줘요. 세계를 더 잘 알게 되는 거죠. 뭐랄까, 인생 후반기에 도움이 되겠죠 (…) 어디로 가야 하는지 알기 때문이죠. 그게 아니면 단지 즐기기 위한 거예요. 라발Laval[2]에는 볼거리가 별로 없거든요. 몬트리올에는 즐길거리가 더 많아요.

모빌리티는 하나의 도시 안에서도 (특히 젊은이나 이주민처럼 그 도시를 잘 모르는 사람의 경우) 탐구, 즉 미지의 세계와 자아에 대한 발견을 가능하게 해 준다. 젊은이들은 어떤 사회적 상황에서 다른 사회적 상황으로 나아간다. 학교, 집(특히 부모와 함께 살고 있지 않을 경우),

---

2   몬트리올 외곽. 젊은이가 인터뷰를 한 곳.

친구, 레저 활동 등을 통해서 말이다. 젊은이들은 가끔 순전히 즐길 목적으로 지하철을 타기도 한다. 한 젊은 남성의 말처럼, "거기에는 추파를 던질 젊은 여성들이 많기 때문"이다. 각각의 상황에서 젊은이들은 서로 다른 존재 방식, 태도, 상호작용 방식, 서로 다른 해석학적 사회-공간 렌즈 등을 탐구하고 또 실험한다. 젊은이들은 목적지 선택에 관한 한 자신들의 능숙함을 경직된 가족구조에서 벗어날 기회, 재정적 자율성을 획득할 기회(허드렛일 하기), 아니면 단순히 다른 어떤 곳의 모습을 발견할 기회로 묘사한다. 젊은이들은 모빌리티를 많이 결정하면 할수록 더 영리해진다. 젊은이들은 능숙함의 감각을 계발하고 행할 수 있음을 느끼며, 그렇게 함으로써 적법하게 된다. 여성 이주민들은 도시의 모빌리티를 그와 동일한 방식으로 기술한다. 움직이기, 새로운 도시에 자리 잡기, 재정적 자율성 획득하기는 모두 모국에 대한 향수의 감정(우리가 '문을 닫은 채' 집 안에 머무를 때 발생하는 것)에서 벗어나는 일과 관련된다는 점에서 강력한 정서적 함의를 갖는다. 이주여성들은 대부분 가내 입주노동자encerradas로 일하기 위해서, 나중에는 고용인의 집에서 어느 정도 멀리 떨어진 곳에 아파트를 마련한 뒤 유모로 일하기 위해서 로스앤젤레스에 온다.

돈을 버는 최고의 방법은 (그리고 많이 돌아다닐 것을 요구하는 그 방법은) 몇몇 가정집에서 청소를 하는 것이다. 여성 이주민들은 보통 로스앤젤레스에서 몇 년을 보낸 뒤 이런 일에 진출한다. 이런 경력은 모빌리티의 증가, 그리고 우리가 대화를 나눈 많은 여성들의 경우에는 사회-정치적 참여와 밀접한 관련이 있다.

비교Comparison

새로운 환경과 새로운 얼굴을 발견하면 비교를 하게 된다. 여행인류학자들이 주장하는 것처럼, 우리는 알고 있는 것과 발견한 것, 즉 자기성찰을 유발할 수 있는 것을 비교한다(Bhabha, 1994). 이것이 바로 우리가 가사노동에 종사하는 여성 이주민과 젊은이들을 통해서 살펴본 바다. 비교 행위는 대개 잘 드러나지 않아서 우리는 그에 대해 거의 주목하지 않지만, 사실 비교는 정보를 정리하는 데뿐만 아니라 다른 사람들에 대한 태도를 취하는 데도 도움을 준다. 우리는 논리적으로(저 집은 우리 집보다 넓다), 규범적으로(이 지역은 우리 지역보다 매력적이다), 그리고 감성적으로(나는 저기보다 여기서 더 두려움을 느낀다) 비교를 한다. 예를 들어, 로스엔젤레스 여성들은 버스 안에서 흔히 사생활이나 일에 관한 이야기를 나누면서, 파트너와의 관계를 고용인과의 관계와 비교한다. 또한 버스를 타고 가는 (많은 경우 긴 시간) 동안 자신의 작업 환경과 버스 안에서 만난 다른 가사 노동자들의 작업 환경을 비교한다. 이렇게 해서 그 여성들이 자신의 상황을 비판적 시각에서 볼 수 있게 해 주는 공유된 담론이 형성된다. 누군가 결론을 내린다. "그건 착취야."

자주 잊히는데, 탐구하기와 비교하기는 사회적-정치적 행동을 형성하는 과정에서 중요한 구성 요소다.

그러면 모빌리티에 대한 권리란 무엇을 의미하는가? 젊은이들과 여성 이주민들에게, 즉 자신들을 행위자로 인정하지 않는 사회에 충분히 정치적으로 참여하지 못하는 이들에게 그것은 시민권이다. 즉, 스스로를 정치적 행위자로 만들 수 있는 권리다. 모빌리티는 우리가 원할 때 원하는 곳으로 이동하는 것만이 아니다. 모빌리티는 더 중요하게는 우리 자신을 아는 법을 배우는 것이다. 네트워크를 발전시키고, 비교하고, 분석하면서 말이다. 정치적 실천에 관한 한 모빌리티는 가족, 일, 학교 같은 다른 사회제도들과 밀접하게 연관된 중요한 수단이다.

정치적 관계가 갈수록 직접성, 실시간 통신기술, 유력 지도자 없이 이루어지는 다양한 마주침과 운동의 장 등으로 표시되는 세계에서—물리적으로 그리고/또는 가상적으로—이동하는 법을 알게 되면, 우리는 과거 세대의 시간 · 공간과는 전혀 다른 시간 · 공간과 관계를 맺을 수 있다. 정치적 행동은 형태를 바꾸고 있다. 말하자면, 그물 모양의 논리로 탐색하는 법을 아는 자들이 더 강력한 자들로 등장할 것이다.

그렇긴 하지만 그런 모빌리티의 의무에 대한 비판적 시선을 유지하는 것은 중요하다. 시민 관계에 일어난 그런 변화들은 개인주의의 악화를 유발했다. 다시 말해, 정치적 행동은 작업장(파업)이나 거주지(이웃)에 지역적으로 뿌리내린 강력한 연대보다 그물 모양의 약한 연결에 더 의존한다. 자주 인용되듯, 정치적 동원에서 새로운 정보통신기술의 역할은 시간·공간의 개인화된 실습을 동반한다.

2030년에 실행될 모빌리티에 대한 권리는 시민권과 정치적 관계에 대한 우리의 이해에 커다란 충격을 초래할 것이다. 모바일 시민권에 관한 개인적 인식이 강력한 연대를 수반할 수 있을까? 이는 스케일 변화를 넘어선 변형(정치적 행동이 민족 극장에서 지역 극장 또는 초국적 극장으로 이동하는 것)이다. 이런 경향은 한낱 측량된 표면으로서의 '민족' 또는 '종교'라는 집단적 관념에, 그리고 정치적 행동의 토대로서 선형적인 역사적 진보라는 집단적 관념에 변화를 초래할 것이다.

참고문헌 ————————————————————————————————

Bhabha(H.),*The Location of Culture*,Londres,Routledge, 1994.
Cresswell(T.), *On the Move*, Londres, Routledge, 2006.

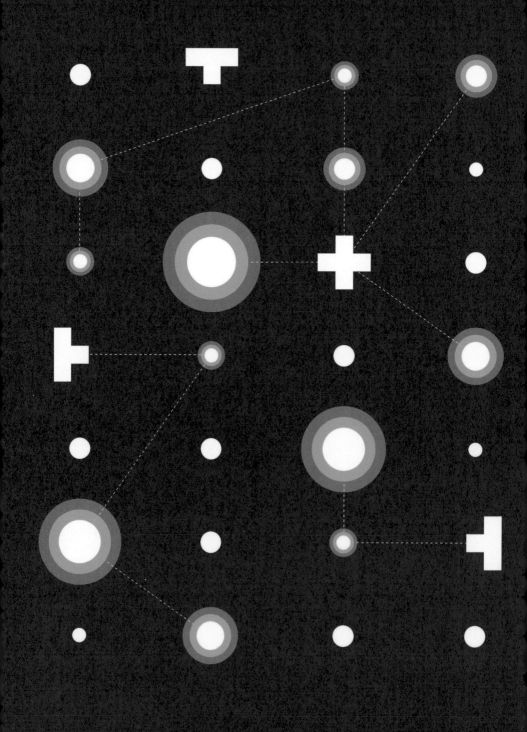

카트린 비톨 드 뱅당Catherine Wihtol de Wenden *

모빌리티에 대한 권리: 2030년의 인권

The Rights to
Mobility:
a Human
Right in 2030?

* 프랑스 국립과학연구원(국제연구센터) 국제이주 연구소장

21세기는 지구화된 이주 시대의 시작을 표시한다. 세계 인구 가운데 3분의 2가 이동의 자유라는 권리를 누리지 못하는 상황에서, 바다와 사막을 횡단하는 불법 이주노동자들의 근대적 오디세이는 즉각적으로 초근대성을 상징한다는 점에서 모빌리티의 역설을 예증한다. 집단동원이 인권 유린과 새로운 권리 획득을 모두 강조하는 동안, 장벽과 캠프가 건설되고 있다. 국제기구와 NGO가 21세기 기본적 인권으로서 이주에 대한 권리를 통해 지구적 이주 거버넌스를 제공하려고 할 때, 모빌리티에 대한 권리가―국경 통제의 오작동에 비추어―주목을 받는다.

이주의 지구화:
21세기의 난제

국제이주는 21세기의 커다란 난제들 가운데 하나다. 1980년대 말 이후 세계는 이주 속에 있었고, 이주는 갈수록 지구적이게 되었다. 오늘날 지구의 거의 모든 곳이 이주 인구의 출발이나 도착, 또는 환승에 영향을 받고 있으며 또 받아 왔다. 어떤 곳은 출발, 도착, 환승 모두에 영향을 받기도 한다. 이런 이동은 20세기 말 이후 몇몇 요인들이 결합하면서 가속화되기만 했다. 우선, 베를린 장벽의 붕괴는 사람들의 예측처럼 동—서의 침범으로 이어지지는 않았지만, 그때까지 철의 장막 뒤에 고립되어 있던 세계 일부의 이동을 촉진했다. 새로운 형태의 진자 운동식 이주—인종적이면서도 환경에 의존하는 일시적 이주—가 나타나 뿌리를 내렸다. 다른 곳에서는, 현재의 소란으로 인해 불법 통로의 경제가 만들어지면서 미디어, 송금전표, 귀국자 등에 기반한 일종의 이주 환상이 활성화되었다. 여권 소지자 수의 증가와 여행 경비의 감소는 많은 이들에게 서구적인 것의 꿈을 현실로 만들어 주고 있다.

그 결과 세계 몇몇 지역에서는 송출국이 수용국이 되기도 하고(유럽 남부와 동부, 북아프리카, 터키, 중동, 브라질, 멕시코), 수용국이 송출국이 되기도 한다(아르헨티나). 환경에 따라서는(태국과 말레이시아) 두 과정이 동시에 발생함으로써 이주 형태의 다각화가 일어나기도 한다. 이주노동자의 불변하는 상징적 모습(부랑아들, 즉 일자리뿐만 아니라 더 나은 삶을 추구하는 젊은이들)과 더불어, 이주 인구의 여성화와 저연령화가 나타나고 있다. 자신의 재능에 부합하는 취업 기회를 찾는 엘리트들, 망명 신청자들, 그리고 기타 가족 구성원들이 보여 주는 것처럼 말이다.

이런 이주는 지역의 논리를 따른다. 다시 말해, 대륙의 논리를 거부하고 그 역사적 · 지리적 · 문화적 또는 언어적 성격에 따라 이주 시스템을 틀 짓는 그 지역의 논리를 따르는 것이다(러시아 세계, 터키 세계, 아랍 내 이주, 유럽과 지중해, 동남아시아와 오세아니아, 남아메리카, 멕시코-미국-캐나다). 경우에 따라 동-에서-서로(우크라이나, 벨라루스, 폴란드에서 서유럽으로), 또는 북-에서-남으로(사하라사막 이남 아프리카, 즉 북아프리카에서 유럽으로) 연쇄 이동이 일어나기도 한다.

지구의 도시화는 제3세계 주요 도시들, 곧 이주민들이 이동해서 정착하는 도시들의 극심한 슬럼화로 이어지고 있다. 이는 이농離農 과정, 그러니까 국내 이주로 시작해 결국 국제이주가 되고 마는 그 이농 과정에서 흔히 볼 수 있는 강제적 흐름이다. 송출국에서 이주와 발전은 서로를 육성한다. 단기적으로 이주는 발전의 요인이다. 동시에 발전은 모빌리티의 요인이며, 그래서 부당하게 통치되는 가난한 나라 태생이라는 점과 관련해서 운명론에 대한 거부를 촉진한다.

모빌리티 관리하기:
모순적 지구화

수용국과 송출국에서 이주민 관리는 모순되는 목표들이 만나는 장으로서, 각 정부에게 커다란 정치적 문제다. 인권 존중은 주로 수용국 정부의 주권과 대립한다. 이 경우 불법입국은 국경 통제에 대한 도전을 나타낸다. 유럽 주변의 환승국에서 주권은 국경 통제를 요청하는 데 소용된다. 경제적 이유(노동자 또는 숙련근로자의 부족)와 인구학적 이유(인구 증가 요인) 모두에서 수용국이 바라는 이주민은 정치적으로 바람직하지 못한 경우가 많다. 국외자와 경쟁하는 것에 대한 두려움, 함께 생활하기의 어려움, 민족정체성 약화 등이—복지국가와 안보 목적을 위험에 빠뜨리면서—여론에 기름을 붓는다.

21세기 휴머니즘에 부합하는 방식의 모빌리티 관리는 복합적이다. 어떤 수용국도 100퍼센트 국경 통제를 장담할 수 없다. 불법이민이 없다고도, 동시에 인권을 분명히 존중하고 있다고도 주장할 수 없다. 대체 이민replacement migration에 관한 유엔보고서(2000)에 따르면, 유럽과 일본의 인구 증가는 전적으로 이민에 의존한다. 2006년 6월 발표된 유엔의 새로운 보고서는 이민이 송출국과 수용국에 주는 유익한 효과에 대해 논의한다. 코피 아난Kofi Annan 사무총장은 건설적인 대화를 요청하며 이렇게 말했다. "국경이 발명된 이래로 사람들은 그것을 넘어 다녔다. 외국을 방문하기 위해서뿐만 아니라 거기서 생활하고 일하기 위해서 말이다. 역사적으로 볼 때, 이주는 개별 이주자의 복지뿐만 아니라 전체 인류의 복지를 증진했다. … 국가가 있는 한 이주가 있을 것이다. 다른 방식의 이주를 바라는 사람도 있겠지만, 이주는 어쩔 수 없는 현실이다. 그래서 문제는 이주를 금지하는 것이 아니라, 모든 면에서 더 많은 협력과 이해를 통해 이주를 더 잘 관리하는 것이다. 제로섬 게임과 달리, 이주는 모든 이들에게 이득이 되는 방식으로 전개될 수 있다."[1] 2009년 유엔개발계획UNDP 보고서 〈국경을 넘어서Overcoming barriers〉는 모빌리티가 인간의 발전에서 핵심 요인임을 강조한다.

이주가 지구 인구의 아주 작은 부분에만 해당한다고 하더라도(3퍼센트, 또는 대략 2백만 명), 전 세계적으로 수백만 명의 사람들이 이동하고 있는 것이다. 대부분 경제적 지구화의 결과로서 세계는 '이주의 시대'[2]에 진입했다. 그러나 강요된 이주와 자발적 이주가 구분이 불가능할 정도로 서로 뒤얽혀 있다. 마찬가지로 수용국과 송출국 간 구분 역시 흐릿해질 수 있다. 게다가 남-남 이주south-south migration도 존재한다. 사실 개발도상국은 서구 국가 못지않게 많은 이주민들을 수용한다.

일종의 지구적 통치는 기존 규범들에 기초하여 구현되기 마련이다

---

1 "Les migrants font avancer l'humanité", *Le Monde*, June 9 2006.

2 Castles (S.), Miller (M.), *The Age of Migrations*, Basingstoke, New York: Palgrave, 2008.

(난민 지위와 관련한 1951년 제네바협약, 이주노동자의 권리에 관한 유엔의 1990년 협약[44개 정부 승인, 2003년부터 효력 발휘]처럼 말이다). 쌍무적 또는 지역적 스케일에서 문제를 해결할 수 없을 때, 이런 통치는 국제이주에 대하여 지구적 대화를 나눌 수 있는 틀을 제공할 것이다. 몇몇 관찰자들에 따르면, 우리는 대규모 경제 이주의 제2차 물결에 진입하고 있다(제1차 물결은 19세기 산업화된 사회로 인구를 급속히 이동시키던 증기기관의 시대였다). 현재의 물결로 볼 때, 국경에 대한 압력―그리고 국경을 통제하고 확산하려는 시도―은 계속될 것이고, 그래서 불법이민과 밀거래에 기름을 붓게 될 것이다. 하지만 초국적 규범으로서 모빌리티에 대한 권리, 즉 지구적 스케일로 감독되는 그 권리에 대한 압박은 지난 수년 동안 이주를 주제로 한 대화와 지구적 포럼(뉴욕[2006], 브뤼셀[2007], 마닐라[2008], 아테네[2009], 멕시코의 푸에르토 바야르타Puerto Vallarta[2010])을 급성장시켰다.

모빌리티에 대한 권리: 기본적 인권

칸트가 〈세계시민적 목적과 보편적 역사를 위한 구상idea for a universal history with a cosmopolitan aim〉(1784)이라는 단편을 저술한 데서도 드러나듯이, 철학자들은 '세계의 시민citizen of the world'을 정의하기 위해 노력해 왔다. 칸트의 출발점은 단순하다. 지구는 구체球體이고, 우리는 달리 갈 수 있는 데가 없으므로 모두 함께 살아가야 할 운명이라는 것이다. 따라서 환대는 인류의 첫 번째 윤리적 행동 규칙이 되어야 한다. 모빌리티에 대한 권리는 보편주의적이면서도 개인주의적인 가치 개념에 잘 들어맞는다. 《영구 평화론Perpetual Peace》(1795)에서 칸트는 '임시 거주temporary sojourn'를 위해 허용해야 할 권리와 사회의 능동적 일부가 될 권리를 주의 깊게 구분한다. 이때 후자는 "모든 인간이 … 지구의 표면을 공통으로 점유하고 있다는 이유로 … 지니는" 권리다. 모빌리티에 대한 권리는 근대적 인권 이해의 일부분이다.

모빌리티에 대한 권리는 또한 1948년 〈세계인권선언〉이 채택됨으로써 정당성을 획득했다. 〈세계인권선언〉은 "모든 개인에게 자신의 나라를 포함한 어떤 나라를 떠나고 또 자신의 나라로 돌아올 자유"(제13항 1조)와 "박해를 당할 때 망명을 신청할 권리와 다른 나라에서 망명에 따른 혜택을 입을 권리"(제14조)가 있음을 인정한다. 하지만 이는 완전하지 않다. 〈세계인권선언〉에는 동구권 국가들에 거주하는 반체제 인사들을 지원함으로써 그 국가들에 경고를 날리려는 욕망과, 냉전 시기 그들의 입국을 허용하는 데 대한 연합 세력의 관망적 태도가 공존하기 때문이다.

그렇다면 입국 권리 없는 출국 권리란 무엇인가? 법학자 장 이브

카를리에르Jean-Yves Carlier는[3] 그런 권리를 국경을 넘는 "황새의 정지된 비상le pas suspendu de la cigogne"(에어 워킹)과 같다고 말한다. 19세기 이전 유럽 국가들의 사례는 그와 정반대였다. 당시 입국의 자유는 규제받지 않았지만, 대부분의 사람들이 자기 나라를 떠나는 일은 금지되었다. 지그문트 바우만Zygmunt Bauman은 2002년 기고한 글[4]에서 칸트가 말한 세계의 시민을 다루며 그 귀결을 숙고한다. 어떻게 근대국가가 국경·여권·비자·수용소 등을 활용함으로써, 또한 국가 없는 사람들(망명 신청자와 불법 이주민)을 만들어 냄으로써 인간의 이동을 서둘러 통제하려고 했는지 보여 주면서 말이다. 그에 따르면 고대의 '버림받은 사람outcast man'을 떠올리게 하는 너무나도 많은 치외법권 모델이 있다. 민주주의적 방식으로 흐름을 통제하는 포괄적 제도 시스템, 즉 모든 이에게 적용 가능한 규칙과 윤리 원칙을 동반하는 시스템은 광범위하게 사라지고 있다. 지그문트 바우만은 이런 발걸음을 지구화 시대에 시급하고도 긴요한 것으로, 말하자면 상호의존적 세계의 연대 수단으로 여긴다. 바우만은 자신의 저작[5]에서 포스트모더니즘의 정치적 딜레마를 분석한 바 있다. 이는 고전적 정치제도의 쇠퇴, 신자유주의, 파편화되고 액체화된 연결, 개별 정체 등의 발흥으로

---

3 루바인대학Université Catholique de Louvain 교수.

4 Bauman (Z.), "Vivre ensemble dans un monde plein," *Le Monde*, February 3, 2002.

5 가장 중요한 것은 Bauman (Z.), *Le coût humain de la mondialisation*, Paris, Hachette, 1999.

특징화된다. 이주민과 난민은 국가가 전혀 최고 행위자로서 기능하지 못하는 지구적 시민권의 전조를 나타낸다.

에티엔 발리바르Étienne Balibar 같은 철학자들은 공-시민권co-citizenship의 등장을 "시민권의 진보적 역사"의 맥락에서 인식한다. 즉, "시민권을 세계시민적 관점에서 제자리로, 즉 단순한 윤리 기준과 지구적 국가계획 사이 어딘가에 자리 잡게 하는 것"이다. 이런 관념은 "정치적 공동체"에 관한 정의의 다양성, 즉 소속과 모빌리티의 다층성—말하자면, 세계의of 시민이 아니라 세계 속in 시민—을 위한 자리를 남겨 둔다. 이는 계약에 따른 국경의 민주화와 거주·이동의 보편적 자유를 내포한다.[6] 그러나 이동하는 이들은 정주하는 이들보다 더 권리를 갖지 못한다. 상층부의 작은 부분(엘리트 모빌리티)을 제외한다면 말이다.

자본·재화·정보 등의 흐름은 궁극적으로 국가가 오가는 것들을 통제할 수 없게 만들고, 그래서 개인의 한정된 모빌리티와 날카롭게 대비된다. 개인의 모빌리티는 '도주 우려'라는 명목으로 세계 대부분의 지역에서 통용되는 비자 요건에 종속되어 있기 때문이다. 국제이주는 국가 주권과 개인 모빌리티 사이의 간극을 완벽하게 보여 준다. 그것은 21세기를 위한 전투다.

---

6 Balibar (É.), "Vers la co-citoyenneté," *Après demain*, October, 2007.

장 피에르 오르푀유*Jean-Pierre Orfeuil* *

"모빌리티에 대한 권리", 지금과 미래

The 'Right to Mobility', Now and in the Future

* 파리 에스트 크레테유대학University Paris-Est Créteil 도시연구소 교수,
이동하는 도시 연구소the City on the Move Institute 학술자문위원회 위원장

2001년 이후 "모빌리티에 대한 권리"에 관한 물음은 이동하는 도시 연구소Institute pour la Ville en Movement(IVM)의 정체성에서 근본적인 것 이었다.[1] "이동하기는 대부분의 재화, 서비스, 사회 관계 등에 접근하 는 데 필수적인 것이 되었다. 이동 능력은 거주, 고용, 교육, 문화 등 에 대한 접근을 형성한다. 그래서 이동 권리는 다른 권리들을 가능하 게 하는 근본 권리가 된다."[2] 이런 확고한 입장을 바탕으로 우리는 자

---

1 *Institut pour la ville en mouvement*(City on the move Institute), a PSA Peugeot Citroën group foundation.

2 이동하는 도시 연구소 창립자 아서F. Ascher의 글 참조: "Les sens du mouvement," Allemand (S.), Ascher (F.), Lévy (J.) Ed, Belin, 2004. 이 연구소가 옹호하는 발언들도 참고하라. "Transport, mobilité, exclusion," Orfeuil (J.-P.), L'Aube, 2004와 "Bouger pour s'en sortir," Le Breton (E.), Armand Colin, 2005, and on the web, Orfeuil (J.-P.) "La mobilité, nouvelle question sociale,"

원에 대한 모두의 접근권을 촉진하는 방안을 발표하였다. 이는 단순 서비스가 아닌 방안이다. 시각이 손상된 사람들을 위한 "통합형 모빌리티" 플랫폼과 계획은 신체적·사회적 장애가 있는 개인들이 사회에 참여하는 데 필요한 다양한 기술, 즉 "모빌리티란 한낱 교통의 문제가 아님"을 증명해 주는 그 기술에 대한 관심에서 비롯됐다. 모빌리티 권리 보장에 필요한 해법을 시행하는 데 있어, 그 권리의 유효성 정도를 조건 짓는 것은 중요한 원칙과 특수한 시스템 사이의 간극이다. 우리는 모빌리티에 대한 권리의 상대성과 적법성을 다루는 데서 시작할 것이다. 이어서 오늘날 그 권리를 시행하기 위한 조건에 초점을 맞추고, 장기적 관점에서 그 권리의 필요성을 평가하며 글을 맺을 것이다.

선진사회에서 모빌리티에 대한 권리는 더 이상 획득해야 할 자유권이 아니다. 모빌리티에 대한 권리는 모든 사람에게 접근 가능한 방식으로 모든 지역에 공평한 서비스를 제공해야 한다는 도덕적 의무, 말하자면 내륙운송지침법Loi d'Orientation des Transports Intérieurs(LOTI)[3] 에서 볼 수 있는 '교통에 대한 권리' 같은 게 아니다. 교통 약자의 접근권 관련 법률 같은 법령도 아니다. 오히려 그것은 '신뢰credibility'의 권리다. 각양각색의 야망들, 즉 정치적이고(/거나) 경제적인 이유들로

---

http://sociologies.revue s.org/index3321.html.

3 1982년 제정된 내륙운송지침법은 '교통에 대한 권리'를 강조했다.

인해 수행되는 임무a duty이자, 그 시행이 시민들에게 분담된 책임을 시사하는 그런 임무인 것이다. 정부 당국에게는 모빌리티에 대한 권리가 갈수록 의무가 되고 있지만, 아직까지 절대적 규범 또는 당연한 확약이 되지는 못했다. 그렇다면 시민의 경우는 어떤가? 여기서는 세 가지 관점에 대해 논의하겠다.

첫 번째는 문명화 과정을 강조하는 관점이다. 자유와 "~에 대한 권리rights to"(깨끗한 공기를 누릴 권리, 불법거주자의 권리 등)의 지속적 확산·증식은 세계의 극빈자들과 추방자들에 대한 주목도가 증가하고 있음을 강조한다. 이에 대해 래시Lasch[4]는 일리치Illich[5]의 논의를 재인용하여 '문명화하는civilizing' 성격을 누그러뜨린다. 일리치에 의하면, 그러한 권리의 실행은 이미 정립된 공동체 기반 관행들을 파괴하는 철저한 산업(교육, 건강, 노년 등) 독점을 내포한다.

두 번째, 모빌리티에 대한 권리와 사회 발전 양식 간 관련성을 강조하는 것이다. 예컨대, 임무로서의 부동성은 공동체-소속을 통해서 사회가 조직될 때 횡행한다. 이런 사회에서 이동적이라는 것은 떠돌이로 보일 위험이 있음을 의미한다.[6] 하지만 정치혁명 및 산업혁명과 더불어, 시장의 보이지 않는 손에 의해 합법화된 노동자들의 이주와

---

4 Lasch (C.), *La culture du narcissisme*, Paris, Flammarion, Champs, 2010.

5 Illich (I.), "Énergie et équité," Seuil, 1973, *Une société sans école*, Paris, Seuil, 1971.

6 Castel (R.), *Les métamorphoses de la question sociale*, Paris, Fayard, 1995.

더불어 모든 게 바뀌었다. 모빌리티에 대한 권리는 우선 19세기 파리에서 근로카드the work card[7]와 함께 등장했다. 근로카드는 급여를 많이 받지 못하는 사람들이 대중교통에 접근하도록 함으로써, 거주 지역의 확산을 가져왔다. 더 부유한 계급들은 이런 지역을 재빨리 가로챘다. 공민권이 박탈된 대부분의 사람들을 위한 모빌리티 권리가 부자들의 공동체를 구축하는 데 기여한 것이다. 위대한 포드 시대, 즉 강력한 유대의 안정감에 기반한 시기가 지나간 뒤 '개별 궤도individual trajectory'[8]의 시기가 도래했다. 좌우로 팽창한 공간에서의 자율성 의무[9]와 물리적[10] · 가상적[11] 세계에서의 성찰성[12] 요구로 인해, 모빌리티 권리 문제는 약한 연결 및 단기계약에 기반한 발전과 연결된 모빌

---

7 (역주) 어떤 사람이 특정한 일을 해 왔음을, 또는 어떤 관할구역이나 직종에서 일할 능력이 있음을 증명하는 신분증 같은 것.

8 Ehrenberg (A.), *L'individu incertain*, Paris, Calmann Levy, 1995.

9 모빌리티의 견지에서 자율성에 대한 요구는 고위 경영진에 한정되지 않는다. 그것은 또한 보이지 않는 정비 노동자들에게도 해당한다. 오브나F. Aubenas는 그들을 보이게 만들었다(*Le quai de Ouistreham*, Paris, L'Olivier, 2010).

10 이와 관련해서, 병원과 사법부 "지도"에 나타난 최근 변화는 지역 범위의 재편성을 장려하는 것으로서 모빌리티의 증가로 이어진다.

11 "스마트폰이 없으면 나는 사라진다. 그것은 생명 유지 그 이상이다. 그것은 내가 밤에 잠잘 곳을 발견하는 방식이다." 노숙자 보조금(RSA; 사회복지 형태) 수혜자는 이렇게 말했다 (*Libération*, January 28, 2011). 이는 불안정하고 사소한 일자리를 확보하는 에 있어 스마트폰이 필요불가결함을 보여 준다.

12 Giddens (A.), *Les Conséquences de la modernité*, Paris, L'Harmattan, 1994 ; Ascher (F.), *La Société hypermoderne*, Paris, L'Aube, 2002.

리티 규범으로 재부상했다. 복지 수혜자들에게 일자리를 찾아주려는 목적으로 미국에서 개발된 "복지에서 노동으로welfare to work" 프로그램은 이 문제를 상징적으로 보여 준다. 말하자면, '모빌리티에 대한 권리'는 사실상 누구나 자기 생활은 스스로 책임져야 한다는 의무, 그리고 누구도 생활보조비에 의존하지 않는 완전무결한 사회의 꿈에 기인한다.

셋째, '유기체적' 관점을 취할 수도 있다. 행위자들(고용주, 사업, 공공서비스 등)은 자동차에 대한 유사-보편적 접근권이 초래한 모빌리티 능력 감소를 지역화와 지역 네트워크화 전략으로 통합했다. 이런 형태의 생산과 분배는 접근성proximity 위에 수립된 형식들을 대체하는 경향이 있기 때문에, 모빌리티 능력이 현저히 부족한 이들의 경우 훨씬 더 많이 주변화된다. 모빌리티 자유는 누구나 그것을 사용할 수 있어야 함을 주장한다. 빈곤이 상대적 견지에서 규정되는 만큼(수입이 어떤 기준에 못 미치는 개인들), 모빌리티 문제도 예상되는 모빌리티 기준에 근거하여 표현된다. 역사에 기반하되, 오늘날 모빌리티에 대한 권리에 포함되어야만 하는 것의 폭넓은 윤곽을 확정하는 기준 말이다. 하지만 미래에는 그 기준에 대한 재평가가 필요할 것이다.

단기적으로는 분명 약한 연결의 사회가 들어서고 있다. 교통서비스의 공간 · 시간과는 다른, 확산된 공간 · 시간을 대상으로 재구성되는 사회 말이다. 그러므로 어떤 개인들은 갖고 있지도 못하고 또 도움 없이는 획득할 수도 없는 모빌리티 능력을 요구하는 비정상성에 문제를 제기할 필요가 있다. '이동하는 도시 연구소' 주도로 묶인 단체들은 (재)동원해야 할 (심리적·인지적·경제적) 기술이 얼마나 다양한지(도시/또는 버스 지도 읽기, 자전거 타는 법 배우기, 자동차 운전면허증 취득 도와주기, 차량 보존하기 등) 보여 주고, 그런 불리한 조건들이 사실은 극복 가능한 것이며, 이를 시행하는 데 예산도 많이 들지 않는다는 것을 입증한다(지역 단위를 책임지는 데 1년에 1백만 유로면 되고, 이 금액은 결과적인 긍정적 외부효과들로 분할 상환된다).

한편, 이 과정에서 이동하는 도시 연구소 주도로 묶인 단체들은 자신들이 처한 위태로운 상태와 빈약한 재원을 인식할 수 있었다. 이 단체들의 재원은 그랜드 파리the Grand Paris 계획이나 국가교통인프라계획SNIT[13]을 실행하는 데 쓰는 수십억 원에 비하면 새발의 피였다.

중장기적으로 보면(사랑의 식당Restos du Cœur[14]의 경우도 동일하다), 문제가 완전히 사라져 버리는 게 가장 이상적일 것이다. 사람들은 모빌리티 능력을 보유하려면 품위 있는 삶을 살 수 있어야 한다. 40년 뒤 사람들의 삶은 어떤 모습일까? 우리는 이런 것을 상상하는 데 그리 능숙하지 못하다. 그보다는 우리가 예상하지 않으면 안 되는 문제들을 확인하는 데 더 능숙하다.

---

13 국가교통인프라계획Schéma national des infrastructures de transport.
14 곤경에 처한 개인들에게 음식을 나누어 주는 자선단체.

첫 번째 문제는 인구의 노화다. 우리는 곧—무능력한 직원과 고성능 지원 서비스 테크놀로지의 결합에 의존하는—"4차산업 경제"[15]가 제공하는 재택 지원과 모빌리티 서비스를 필요로 할 것이다. 프랑스도 이주민이 필요할 것이고, 따라서 그들에게 교육(말하기, 글쓰기, 자기인식, 운전, 자기 돌봄 등)을 제공할 수 있는 능력이 중요해질 것이다.

다음 문제는 모빌리티 기준, 즉 무엇보다도 생산양식에 의존하게 될 그 기준이다. '새로운 자본주의 정신'[16]은 계속되고, '모빌리티 기준'은 여전히 고삐 풀린 채로 있고, 꼭 필요한 모빌리티 정도는 증가하고, 대다수 개인들은 인류학적 변형을 통해 개별 궤도로 전환될 것이다. 새로운 자본주의 정신은 다양한 기술을 필요로 하는데, 이는 소득 범위의 확대와 불안정성의 빈도수 증가로 이어지게 된다. 새로운 정보통신기술에 대한 아이들의 조숙성, 불안정한 일자리에 대한 젊은 세대들의 적응, 젊은 세대 사이에서 사회적 네트워크가 갖는 중요성 등은 모두 그런 시나리오를 지시하고 있다. 아니면 모빌리티의 가치가 감소한다. 약한 경향('느림'의 옹호,[17] 속도와 가속화된 성장에 의

---

15 *L'espoir économique*, Debonneuil (M.), Paris, Bourin, 2007.

16 Boltanski (L.) et Chiapello (E.), *Le Nouvel Esprit du capitalisme*, Paris, Gallimard, 1999.

17 슬로우 푸드, 슬로우 시티 등. 30킬로미터 속도 제한 도시가 되겠다는 스트라스부르의 결정도 주목할 만하다.

문을 던지는 저작의 성공[18])과 강한 경향(35시간 노동, 금융 위기의 희생자들, 천연자원 개발 제한, 기후문제, 협상권으로서 정량적 통제의 등장 등에 대한 지지)이 시사하는 것처럼 말이다.

모빌리티 문제는 또한 미래의 도시계획 비전에 의존할 것이다. 우리는 생시몽주의를 통해서 모빌리티 기준의 상승을 뒤쫓을 것인가? 이때 생시몽주의의 궁극적 목적은, 내륙운송지침법의 교통 조항이 시사하는 것처럼[19] 대중교통의 서비스 지역을 늘리는 데 있을 것이다. 고속도로를 기차로 대체하고, 도시 공간뿐 아닌 지방도 일상적 삶의 장소로 만들면서 말이다. 행위자들이 프랑스 정부의 2010년 10월 조치, 즉 "지역 인프라 · 교통 모형을 지역 계획 · 개발 모형의 구성 요소로" 만든 그 조치를 이해하게 될까? 이는 교통과 개발을 통해서 바람직한 모빌리티는 장려하고 바람직하지 않은 모빌리티는 폐기하려고 한 것이다.

오늘날 이런 문제를 해결하기란 쉽지 않다. 행위자들이 '자하비 가

---

18 Eriksen (T.H.), *Tyranny of the moment. Fast and slow time in the information age*, Pluto Press, 2001. Honoré (C.), *In praise of slow*, Londres, Orion Books, 2004; Rosa (H.) *Accélération, une critique sociale du temps*, La Découverte 2010. 그리고 폴 피릴리오Paul Virilio의 여러 저서들. 하르트무트 로자의 인터뷰 모음집《세상을 사용 불가능하게 만들자Rendre le monde indisponible》의 서론은 우리 주제의 핵심이다. "근대인은 허물어지고 있는 비탈면을 필사적으로 다시 기어오르려고 하고 있다. 우리가 서두르는 것은 단지 똑같은 장소에 머물기 위해서, 즉 끊임없이 흘러가는 현재에 머물기 위해서일 뿐이다. 달리기를 멈춘다면 우리는 실업, 빈곤, 탈사회화 상태에 처하고 말 것이기 때문이다."

19 1982년 대륙운송지침법 3조는 '개인적 · 집단적 교통양식의 발전을 보증한 개인과 재화의 운송 정책'을 찬미했다.

설Zahavi hypothesis', 즉 인프라 확충으로 가능해진 속도의 증가가 일상적 삶의 공간을 확장하는 역할을 한다는 가설에 주목하고 그것을 받아들인 일은, 당연하게도 고속도로 건설 계획에 큰 영향을 미쳤다. 하지만 내륙운송지침법 심사가 항상 그 건설 계획에서 도출되는 '선'과 '악'을 구분하는 것은 아니다. 우리는 라드코프스키Radkowski의 훌륭한 교훈[20]에 귀를 기울여야 하지 않을까? 그 교훈은 이렇다. "우리는 이 새로운 테크놀로지가 어디서 유래하는지는 알 수 있지만 어디로 이어질지는 알 수 없다. 새로운 테크놀로지의 활용이 그에 대한 요구를 근거로 예전의 환경을 재구성하지 못한 것처럼, 새로운 세계의 표지 또한 그 테크놀로지의 제작에 투여되는 잠재성virtualities 속에 감추어져 있기 때문에 예측할 수 없다." 새로운 민주주의적 실행 시스템이 부르그Bourg가 "자신의 꿈" 가운데 하나라고 부른 것[21] 같은 생태론적 이행에 착수하지 않는다면, 라드코프스키의 교훈 역시 사문화될 수밖에 없지 않을까? 하지만 반세기도 안 되어 우리가 자율적 모빌리티의 즐거운 성취감에서 자동차 의존성으로 나아갔다는 사실은 그 교훈이 유효함을 보여 준다.

연대라는 관념은 늘 '복지국가'와 공공서비스의 형태로 표현되어야

---

20 De Radkowski (G.-H.), *Les Jeux du désir*, Paris, PUF, coll. «Quadridge», 1980. Printing 2002.

21 *Vers une démocratie écologique*, Bourg (D.) et Whiteside (K.), Paris Le Seuil, 2010.

하는가? 이는 서비스 책임 직원의 뒷받침으로만 가능하며, 따라서 비용과 산출량 사이의 간극은 더욱더 벌어지게 된다. 결국 공적 자금에 대한 요구, 즉 갈수록 커져서 그것을 유지해야 할지 말아야 할지 고민하지 않을 수 없는 그런 요구로 귀결된다.[22] 아니면 연대라는 관념은 지역 시장에서만 통용될 수 있는 것인가? 자동차 공유 시스템, 자전거 공유 시스템, 자동차 클럽 서비스, 저소득층 주택 등 소수의 피고용인-조력자와 최종소비자가 함께 만들어 낸 서비스들에 대한 새로운 열정을 겸비할 때만 그럴 수 있는 것인가?

마지막으로 모빌리티 수단이 있다. 현재 일상적 모빌리티는 점성廟性의 공간과 많은 동시 사용자들 때문에 속도가 느리지만, 그럼에도 불구하고 장거리 이동의 필요성을 바탕으로 표준화된 차량에 기반해 있다. 그래서 차량을 구입하고 일상적으로 사용하는 데 많은 경비가 소요된다. 이륜차(혼잡한 도시에서 활용되는 대여자전거와 스쿠터)의 성공을 보며 우리는 잠시 멈추어 도시 환경에 적합한 경차 사양(소형, 무공해, 제한된 속도)에 대해 생각해 봐야 하지 않을까? 에코 지능 ecological intelligence에 대한 보편적 접근을 촉진하고, 또 그것을 향해 나아가도록 하는 경차 사양에 대해서 말이다. 30킬로미터 속도제한과 노면전차는 인프라를 그런 더 가벼운 교통양식에 맞추려는 공통

---

22 이 요구액은 2000년부터 2008년 사이 10억에서 17.5억으로 증가했다.

된 욕망을 담고 있는 게 아닐까? 모빌리티에 대한 권리를 현실로 만드는 데는 다양한 수단이 있다. 문제는 그 의제에 대해 물음을 던지지 못하는 우리의 무능력이다.

이브 크로제*Yves Crozet* *

모빌리티: 시간 절약은 예전 같지 않다...

Mobility:
Time Savings
aren't What
They Used to
be...

* 리옹대학 경제학 교수, 교통경제연구소 연구원

모빌리티는 산업화 초기부터 급격히 증가했다. 우리 선조들이 살던 20세기 초 이후 가장 변화한 것은 하루 평균 이동 횟수, 즉 셋 또는 넷 사이에서 유지되는 그 횟수가 아니다. 변화한 것은 이동의 공간적 범위의 압도적 확장이다. 오늘날 우리는 하루에 수십, 수백, 수천 킬로미터를 이동할 수 있다. 프랑스인의 하루 평균 이동 거리는 40킬로미터 이상이고, 미국인은 70킬로미터를 초과한다. 이런 결과는 엄청난 양의 자동차 이동으로 설명할 수 있다. 물론 오늘날 미국에서 전체 이동 가운데 약 20퍼센트는 비행기를 통해 이루어지고 있지만 말이다.[1]

---

1 Schäfer (A.), Heywood (J. B.), Jacoby (H.D.), et Waitz (I. A.), *Transportation in a Climate-Constrained World*, Cambridge (Mass), MIT Press, 2009.

빨리 가기는 거의 규칙이 되었고 모빌리티는 권리, 즉 속도와 시간 절약이라는 관념을 겸비한 권리가 된 듯하다. 그리고 속담에서처럼 시간을 돈으로 보게 되면서, 이동 속도의 증가는 경제적 성장의 자산으로 여겨지게 되었다. 그러므로 교통 인프라 건설 또는 개선을 경제적으로 정당화할 때면 자동적으로 이동 시간의 감소가 계산에 포함된다. 빌마르C. Vilmart의 최근 연구[2]가 채택한 사례들은, 프랑스가 25년 전 고속철도 TGV를 도입한 이래 얻은 혜택의 대부분이 이용자의 시간 절약에서 유래함을 보여 준다. 따라서 지난 몇 십 년 동안 공공정책이 평균 이동 속도를 높일 수 있는 인프라에 우선적으로 투자한 것은 자연스러운 일이다. 19세기의 철도 시스템, 20세기의 도로와 고속도로 시스템, 그리고 궁극적으로 근대의 고속열차 네트워크는 속도에 대한 편애가 만들어 낸 풍경이다. 그리고 지난 수년 동안 이루어진 항공 교통의 발전은 의심의 여지 없이 동일한 발걸음으로 그 뒤를 따르고 있다.

우리의 생활 방식 변화가 이동 속도의 증가를 수반했음을 고려할 때, 질문을 하나 던질 수 있다. 우리는 정말로 시간을 절약했는가? 모빌리티에 대한 권리가 이동적이어야 한다는 의무가 되지는 않았는

---

2 Vilmart (C.) (dir.), *Bilans Loti, mission d'expertise sur 25 ans de TGV*, http://www.rff.fr/fr/mediatheque/textes-de-reference-francais- 45/loti/

가? 최근 몇몇 저자들[3]이 하이퍼모빌리티의 부정적 효과들을 다루었다. 실제로 시간은 모든 것들 가운데 가장 부족한 자원이 되었다. 시간은 나중에 사용하기 위해서 (우리가 '시간을 갖고' 할 수 있는 행위들을 위해서) 절약하고 저축할 수 있는 것이 아니라, 점점 더 그 자체의 의지를 내세우는 희소한 것이 되고 있다. 모빌리티 증가에도 불구하고―또는 그 증가 때문에―우리에게는 시간이 부족하다. 우리가 절약한 시간은 어디로 사라졌는가?

이 물음에 답하려면, 시간예산time budgets과 재정예산financial budgets의 관계와 관련한 몇 가지 사항을 복기하고, 그럼으로써 지난 수십 년 동안 벌어진 주요 현상들 가운데 하나를 인식해야 한다. 시간의 문제를 어느 정도 다루게 되면 우리는 속도의 역할뿐만 아니라, 어떤 물리적 제약들의 결합 효과와 강화된 활동 계획의 새로운 흐름 아래서 속도의 역할이 변화하고 있는 이유 또한 더 잘 이해할 수 있다. 이는 모빌리티에 대한 권리의 부분적 재정의로 귀결될 것이다.

3　Rosa (H.), *Accélération, une critique sociale du temps*, Paris, La Découverte, 2010; Virilio (P.), *Le Grand Accélérateur*, Paris, Galilée, 2010.

시간은 절대적인 것이 아니라 상대적인 것이다

조프리 뒤마제디어Joffre Dumazedier가 '레저 사회society of leisure' 개념을 대중화한 지 거의 50년이 되어 간다.[4] 작업량의 장기적 감소와 기대수명의 연장은 자유시간의 현저한 증가를 낳지 않았는가?[5]

비아르J. Viard의 계산에 따르면, 우리가 평생 누리는 자유시간은 수십 년 전에는 10만 시간이었지만 지금은 약 40만 시간이다. 절대적으로 보면 우리의 시간예산은 약간 증가했다.[6] 하지만 우리는 시간이 부족한데, 이는 시간예산의 증가를 소득 증가에 비추어 봐야 하기 때문이다. 프랑스의 경우 기대수명은 20세기 통틀어 대략 30퍼센트 증가한 반면, 평균 가계소득은 11배 증가했다. 1,000퍼센트가 넘는다! 이렇게 보면, 소득 단위 대비(소비 가능한 재화와 서비스 단위 대비) 자유시간의 총량은 급격하게 감소했다. 논리상 생산성(노동시간당 생산된 재화와 서비스의 양) 증가의 이면은, 자유시간에 시간당 소비된 재화와 서비스 양의 증가다. 우리의 활동 일정은 물질적 기준과 비물질

4　Dumazedier (J.), *Vers une civilisation du loisir?*, Paris, PUF, 1962.

5　Ausubel (J.H.) et Gruebler (A), *Working Less and Living Longer*, Technological Forecasting and Social Change 50, 1995, pp.113-131.

6　Viard (J.) *Éloge de la mobilité*, Paris, L'Aube, 2006.

적 기준에서 모두 강도가 세진 것이다.[7]

다시 말해, 소득의 증가로 인해 생활 방식과 활동계획의 강도도 높아진 것이다. 느림을 찬양하는 쌍소P. Sansot 같은 철학자가 우리의 심성을 시간-과의-전쟁, 즉 근대적 삶에서 벗어나게 해 주기도 하지만, 쌍소의 저서는 약소한 상업적 성공을 거둘 뿐이다.[8] 경제학자 린더 S. Linder[9]가 40년 전에 예상한 바대로, (베블런T, Veblen의 이론[10]에 따라서) 우리가 유한계급을 다루고 있는 것이라면, 그들은 하나의 활동에서 다른 활동으로 계속해서 뛰어다니는 잔뜩 지친 유한계급이다. 교통 분야에서 개인 테크놀로지 혁명이 제공하는 속도의 증가는 공간 소비의 증가로 귀결되며, 이런 현상에 기름을 붓는 역할을 할 뿐이다. 모빌리티는 우리에게 새로운 기회를 제공한다. 그러나 삶에는 공짜 free가 없기 때문에 (경제학자들이 말하는 것처럼, 공짜 점심은 없다) 모빌리티는 고조된 제약들을 수반하게 된다.

---

7 Crozet (Y.), *The prospect for inter-urban travel demand*, 18th Symposium of International Transport Forum, OECD, Madrid, 16-18/11/2009. www.internationaltransp ortforum. org, 2009.

8 Sansot (P.), *Du bon usage de la lenteur*, Paris, Payot-Rivages, 2000.

9 Linder (S. B.), *The Harried Leisure Class*, New York and London, Columbia University Press, 1970.

10 Veblen (T.) (1899), Theory of the Leisure Class, London, Penguin edition, 1994.

속도는 시간을 절약하는 대신
공간을 소비하게 해 준다

앞서 본 것처럼, 새로운 교통양식은 이전의 교통양식보다 우리를 더 빨리 이동할 수 있게 해 주었고, 그래서 하루 평균 이동 거리가 증가하게 되었다. 이런 메커니즘은 하나의 암묵적 가설, 어쩌면 드러내 놓고 생각하는 게 더 좋을 어떤 가설에 따른 귀결이다. 모빌리티에 할당된 시간예산의 상대적 일관성 가설이 그것이다. 평균 이동 속도의 증가가 교통의 전반적 증가로 이어지려면, 절약된 시간의 상당 부분이 추가된 거리를 충당하는 데 재투여된다고 가정해야 한다. 하루 모빌리티 관련 시간예산의 유사–일관성 이론, 곧 자하비 가설[11]은 모빌리티 역설[12] 가운데 가장 주목할 만하다. 이런 시간 이동 예산time travel budgets의 안정성(하루에 약 1시간)을 설명하지 못한다면, 이동 범위의 증가 추세가 계속되는 현재 상황에서[13] 경제성장과 모빌리티 사이의

---

11 Zahavi (Y.) et, Talvitie (A.), *Regularities in Travel Time and Money*, Transportation Research Record 750, 1980, p. 13-19.

12 Kaufmann (V.), *Les Paradoxes de la mobilité, bouger, s'enraciner*, Lausanne, PPUR, 2008.

13 Crozet (Y.) et Joly (I.), *La «loi de Zahavi»: quelle pertinence pour comprendre la construction et la dilatation des espaces-temps de la ville?*, Lyon, PUCA, coll. «Recherches», n° 163, Certu, 2006.

밀접한 연결[14]은 속도상의 이득을 거리에 재투자한다는 가설과 다르지 않은 것이다.

이동 범위의 증가, 그리고 그 결과로서 공간의 소비는 장거리 모빌리티에 관한 한 분명한 현상이다. 오늘날 매년 거의 30억 명의 사람들이 비행기 여행을 한다. 대략 하루에 1천만 명이 하늘을 나는 것이다. 글자 그대로 일주일 동안 세계 반대편에서 체류하는 일은 기술적으로도 재정적으로도 하나의 선택지가 되었다. 여행의 자유는 더욱 접근 가능한 것이 되었다. 그러므로 고속 교통양식들이 앞두고 있는 밝은 미래는 교통 흐름의 증가라는 형식을 취하게 된다. 하지만 이런 지배적 경향이 교통의 역사상 근본적 단절을 은폐해서는 안 된다.[15] 단순하고 간단한 속도상의 이득은 그 끝이 예정되어 있다. 향후 우리가 평균 이동 속도를 훨씬 더 높일 수 있다면, 그것은 구조적 변화(예를 들면, TGV나 자동차가 비행기를 대체하는)를 통해 가능할 것이다. 하지만 오늘날 교통양식의 표정속도表定速度[16]는 점근선漸近線에 도달했다. 초음속 상업 비행기는 널리 보급되지 않을 것이다. 단지 시속

---

14 Schäfer (A.) et Victor (D.G.), *The future mobility of the world population*, Transportation Research Part A 34 171-205 09, National Academy of Engineering, 2009.

15 Crozet (Y.), *Driving forces of innovation in the transport sector*, ITF meeting, OECD, Leipzig, May 2010, www.internationaltrans port forum.org, 2010.

16 (역주) 도로와 버스의 운행 거리를 실제 소요 시간으로 나눈 속도. 대중교통의 서비스를 평가하는 지표로 활용됨.

400~500킬로미터로 달리는 TGV만 있을 것이다. 자동차는 어떤가? 자동차는 이미 수년 동안 평균속도 및 최고 속도와 관련해서 더욱더 엄격한 규제의 대상이 되고 있다.

오늘날에는 동일한 규제가 일상적 이동을 포함한 모든 자동차 이동에 적용된다. 안전과 교통혼잡 때문에 자동차는 그 자체의 성공에 따른 피해자가 되었다. 개발도상국에서 가정용품 비율은 자동차가 도시 및 도시 근교 공간을 잠식할 정도에 이르렀다. 이는 특히 도시 확산—이동 범위 증가의 결과—의 형태를 취하지만, 공공 공간에서 압도적인 자동차의 존재 때문에 그런 것이다. 곳곳에 있는 선출직 공무원들이 자동차 사용을 금지하거나 현저하게 제한하는 정책을 밀어붙이고 있기는 하지만 말이다. 도처의 운전자들은 어디에 있든, 빨리가기 또는 시간 절약하기에 관한 한 자신들이 더 이상 자동차에 의존할 수 없음을 이해하게 되었다.

새로운 형태의
강도 높은 활동 일정

언뜻 보면, 이동 속도의 점근선적 증가는 (혹은 어떤 도시 지역의 경우에는 속도의 감소조차도) 생활 방식 측면에서 우리가 후퇴하고 있다는 믿음으로 이어질 수 있다. 속도가 이런 강도 높은 생활 방식의 핵심이라면, 그에 대한 문제 제기는 과잉행동 성향이 있는 우리에게—제한된 정도나마—도움이 될 수 있을까? 몇몇 인기 있는 책들이 그런 목적을 밀고 나아가고 있기는 하지만,[17] 분명한 것은, 우리가 아직 그런 강화 작용의 종말을 보지 못했다는 사실이다. 오늘날 가장 중요한 속도는 운송 속도가 아니라 정보통신테크놀로지의 속도이기 때문이다. 우리가 깨달아야 하는 것은, 지난 10년 동안 교통 영역에서 가장 위대한 발명품이 놀랍게도 스마트폰의 광범위한 사용과 그를 통해 가능해진 연결이라는 점이다. 따라서 오늘날 모빌리티에 대한 권리는 연결성에 대한 권리와 결부된다.

평균 이동 속도의 증가가 주중과 주말의 활동 일정을 엄청나게 고도화시킨 것처럼, 스마트폰과 인터넷은 우리와 시간의 관계, 그리고 우리와 세계의 관계를 바꾸어 놓았다. 우리의 연락처 수를 늘려 놓았고, 그래서 우리의 생산성은 '연결된 채' 머물 수 있는 능력에 광범위하게 의존하게 되었다. 교통혁명은 향후 이런 현실에, 그리고 사용 강도가 높아지면서 오작동을 비롯한 다른 고장들을 점점 더 참을 수 없게 되리라는 사실에 대처하지 않으면 안 된다.

시간이 훨씬 더 희소해지면 이동 시간을 더 잘 활용해야 한다. 대중

---

17 Finchelstein (G.), *La Dictature de l'urgence*, Paris, Fayard, 2011; Servan-Schreiber (J.-L.), *Trop vite! Pourquoi nous sommes prisonniers du court terme*, Paris, Albin Michel, 2010.

교통에서 편안함과 인터넷 접근성을 증진하는 일은 무시하기 힘든 요구가 될 수밖에 없다. 모빌리티 서비스는 A 지점에서 B 지점으로 가야 할 필요성뿐만 아니라, 항상적 연결을 필요로 하는 생활 방식에 대한 새로우면서 점증하는 요구에도 대처해야 할 것이다.

이를 염두에 둔다면, 대중교통에 비해 자가용은 (특히 운전사의 경우) 한물간 것처럼 보인다. 우리의 이동 속도를 더 늘리지 않고도 (실시간 교통방송, 스마트 교통카드, 운행 횟수 증가, 중심지에 자리한 환승 플랫폼, 가장 중요하게는 인터넷 접근권 같은) 많은 혁신들이 이미 또는 곧 모빌리티를 변화시켜 '이음매 없는' 이동, 즉 결함 없는 이동을 가능하게 할 것이다.

시간 절약은 예전 같지 않지만, 시간 부족에 대한 투쟁은 계속된다. 모빌리티에 대한 권리는 여전히 우리 생활 방식의 핵심적 측면이고, (새로운 TGV 노선에 대한 강력한 사회적·정치적 요구가 증언하는 것처럼) 시간을 절약할 수 있는 새로운 방법에 대한 탐구도 계속된다. 일반 기차의 정규 시간표에서 운행 횟수를 증가시킨 것은 좀 다른 사례다. 이는 속도 증가 없이 시간을 절약하게 해 준다는 점에서 매우 흥미롭다.

새로운 정보통신테크놀로지의 활용도 증가는 속도 증가 없는 시간 절약에 훨씬 더 기여하는 바가 크다. 이동 시간에 가치를 부여함으로써 우리의 시간 활용 방식을 개선하는 것이다. 항상적 연결성에 대한 요구와 함께 분명해지는 것은 우리의 시간을 낭비하지 않을 권리다.

기차가 연착할 때에도─가끔이기는 하지만 말이다.

브장송과 리옹 사이 코레일 기차에서
2월 25일 완성(5분 연착)!

올리비에 몽쟁Olivier Mongin *

모빌리티의 문제

A Matter of
Mobility

* 철학자, 월간 《에스프리Esprit》 편집자

오늘날 우리는 모빌리티를 마치 완전히 새로운 현상인 것처럼 본다. 공간이 운동을 필요로 하듯이, 모빌리티란 사실상 인류학적 '상수'임을 여전히 이해하지 못한 채 말이다.[1] 그러면 이 주제에 대한 유별난 관심은 무엇 때문인가? 한편으로 프랑스의 정치문화는 지방분권화·중앙집권화·구심화되어 있고 세계와 국가에 대한 역할로 표시되는 까닭에 그리 액체적이지도, 해양적이지도, 진취적이지도, 이동적이지도 않다. 이런 이유로 자기 영토에 모빌리티가 만연해 있음을 인정하면서도 모빌리티를 단순히 교통의 기능으로만 보지 않는다.

다른 한편, 모빌리티는 실재들 사이의 관계가 실재들 그 자체보다

---

1 Lussault (M.), *L'Homme spatial*, Paris, Seuil, 2007을 보라.

더 중요함을, 따라서 중심-주변 짝과 기능주의를 중심으로 조직된 모빌리티에서 이른바 포스트-도시 세계의 특정한 구조적 배치로 표시되는 모빌리티로의 패러다임 이동을 포함하다. 모빌리티는 어떤 기능이 아니라 관계들의 네트워크를 반영하는 어떤 상태다. "수식화된 추상적 공간은 움직이는 입자들이 공존하는 영역이 아니다. 오히려 그것은 관계들의 네트워크를 구성하는 요소들로 이루어진 포괄적 구조들의 재현이다."[2]

이 관점—도시적 스케일의 네트워크와 다극성이라는 관점—에서 볼 때, 모빌리티의 문제는 접근권 · 연결성 문제와 분리 불가능한 것으로서 최소한 세 겹으로 되어 있고, 다음과 같은 세 항목으로 환원된다. ① 흐름의 이중적 본성 (물질적인 것과 비물질적인 것), ② 그런 흐름에 상응하는 속도의 다원성, ③ 모빌리티와 흐름을 수용할 가능성이 있는 영토 배치 유형들.

물질적 흐름과 비물질적 흐름

모빌리티가 불가피하게 부동성immobility과 울타리enclosure를 끌어들인다면, 이 둘은 물리적/물질적 수준과 가상적/비물질적 수준 모두

---

2 Desanti (J.-T.), "Qu'est-ce qu'un espace abstrait?" reprinted in *Esprit*, June 2008.

에서 나타날 수 있다. 연결성에 대한 권리가 중요한 지정학적 문제가 된 이유가 바로 여기에 있다. 버락 오바마Barack Obama는 가나의 아크라Accra에서 한 연설(2009년 7월 11일)에서 다음과 같이 말했다. 연결성과 사이버스페이스 덕분에 아프리카는 더 이상 분리된 세계가 아니다(이는 가상 네트워크를 차단하는 중국에 민주주의적 명령를 상기시키는 방식이기도 하다). 이집트와 튀니지의 최근 사건들[3]이 보여 준 것처럼 연결성(인터넷, 페이스북, 트위터)은 자유로워야 한다. 계속해서 모빌리티 제거 방법을 찾는 권력들이 방해하지 못하게 해야 한다. 민주화의 수단이자 국경 붕괴의 수단으로 등장한 사이버스페이스는 사실상 물리적 유대, 더 정확히 말하면 영토화된 유대가 가상적 연결이 아닌 구체적 연결을 중심으로 조직되도록 해 준다. 이처럼 가상적 연결성에 대한 권리는 통신과 정보의 개방을 상징하는 것으로서, 진정한 개방을 목표로 실질적 연결에 대한 인식과 결합하지 않으면 안 된다. 두 가지 사례를 생각해 보자. 초이동적 사회 네트워크는 더 이상 영토화를 생략할 수 없다. 그렇게 카이로에 있는 타흐리르 광장Tahrir Square은 몇 주 동안 가상 이동의 "정치적이고 공적인" 배출구가 된다. 반대로 아프리카는 (가상이 아닌) 철도망 구축 또는 개선—중국이 주요 행위자로 참여하는 프로젝트—덕분에 개방되기 시작했다.

---

3 (역주) 2011년 튀니지, 이집트, 리비아 등 중동 독재국가에서 발생한 민주화운동을 가리킴.

속도와 복합운송intermodality

속도의 견지에서 볼 때, 지역들은 그 지역들이 작동시키는 모빌리티에 상응한다. 플러그로 접속된 연결 공간이 지구화된 공간-시간 스케일에서 매우 빠른 속도를 내는 데 반해, 도시 근교의 공간은 대단히 제한되어 있고 배제의 공간은 부동성을 유발한다.

자크 동즐로Jacques Donzelot에 따르면, 지금 (모든 수준에서) 도시적인 것은 '차별적 속도들'을 통합한다. 이때 '연결'은 우리를 어떤 속도에서 다른 속도로 옮겨 놓는 공간, 아니면 반대로 우리를 배제와 부동성 속에서 '방관자로' 머물도록 하는 공간이다. 그러나 도시에 참인 것은 세계 일반에 대해서도 참이다. 숫자와 속도가 증가하고 있는 흐름의 세계에서 모빌리티는 결정적이다. 하지만 연결도 접근권을 조건 짓는 것으로서 결정적이다.

근대성은 가속도와 속도로 표시되는 세계에서 자기 장소를 발견하려고 하고, 그 세계에서 자신의 장소(습관 갖기라는 의미에서 거주하기)를 만들어 내야만 한다. 이는 온갖 유형의 모빌리티들(교통, 일, 주거, 여가, 가족)이 지구화에서 떨어져 나온 지역 공간에 유폐되지 않도록 공간-시간 속에 그것들을 끼워 맞추는 일을 의미한다. 모빌리티는 사실상 도시 내 주거 개발지에서 살아가는 이들의 다양한 요구와 결

부되어 있다.[4]

  말하자면, 모빌리티는 주택(즉, 주거 모빌리티), '산발성' 노동(고용 안정성을 일정 수준으로 유지하는 데 필요한 사회적 불안정), 여가 활동 (문화/스포츠 행사, 여행), 끝으로 '이동적' 교통양식 증가 등과의 관계 를 내포한다. 그래서 중간 규모의 주요 도시 '토착' 주민 수가 좀처럼 18퍼센트를 초과하지 않아도, 주거 모빌리티(지역 내 인구 이동)는 증 가하는 현상을 보인다. 요컨대, 지역적인 것과 지구적인 것이 서로 다 른 속도로 끼어들며, 따라서 모빌리티는 장소의 전제 조건이다. 이는 지구적인 것의 삭제가 아니라 지구적인 것으로부터 지역적인 것의 수호다.

  그러나 우리는 다비드 망쟁David Mangin이 말한 프랜차이즈 도시la ville franchisée[5]의 시대를 살고 있다. 프랜차이즈 도시는 전 세계적 개 발의 심장이자 건축학적 의제다. 망쟁은 이렇게 쓴다. "수십 년 이상 도시개발은 세 가지 주요 경향에 지배되었다. 자동차와 도시 고속화 도로의 급속한 성장, 도시 변두리 고속화도로 주변 영리 활동의 발전, 그리고 개인 주택에 대한 욕망이 추동한 도시 확산 현상. 우리가 걸어 서 가로지를 수 있고 또 그 둘레길을 거닐었을 고전적 도시라는 작은

---

4 '대도시'의 요구와 모빌리티가 부여된 공간에 대해서는 다음을 참고할 것. Sophie Donzel's "La politique de La Défense vue de Nanterre, Une politique pour satisfaire les besoins réels," in Esprit, *L'État de Nicolas Sarkozy*, March-April 2010.

5 Mangin (D.), *La Ville franchisée*, Paris, Éditions de la Villette, 2004.

섬은, 이제 도보로 횡단할 수 없는 사유지들로 대체되었다."[6]

도보 속도로는 가로지를 수 없는 프랜차이즈 도시는 그 자체로 "자
동차 세계"―정책 유형―와 분리 불가능하다. 흐름과 구체적 공간(분
주하고, 집단적이고, 감각적인 도시에 공명하는 공간)을 연결하려면, 수
많은 요인을 고려하고 몇몇 난제들(연결성 문제, '도시 자연urban nature'
원리, 도시 사막과 버려진 공간의 '재활용 및 재사용' 등)에 대응해야 한
한다.[7] 이와 관련해 도시계획가 베르나르 레이첸Bernard Reichen은 "확
장된 근접성expanded proximity"에 대해 말한다. "확장된 근접성을 작동
시키려면 주민들은 개발에 필요한 모든 기본적 기능(습관, 직장)과 특
정한 기능(시설, 서비스)을―네트워크를 사용해서― 알아내야만 한
다. 이는 사회적 실천에 기인하는 어버니즘urbanism의 목표이자, 새로
운 시간 척도에 따른 공간의 재사유다."[8]

---

6 Mangin (D.), "Les métropoles européennes de l'après-crise," *Futuribles*, No 354, July-August 2009.

7 "요컨대, 유럽 도시들이 프랜차이즈 도시의 논리에서 탈출할 수 있는 것은 유사한 원리들을 모든 수준
―교외, 마을, 주요 도시 등―에 적용할 때뿐이다. 그 원리로는 상대적 도시압축성, 여객용 노면전차, 보
이지 않는 땅의 체계적 활용, 지리의 매우 다양한 활용과 더 나은 관리 등이 있다." (Mangin (D.), "Les
métropoles européennes de l'après-crise," *Futuribles*, No 354, July-August 2009.)

8 Reichen (B.), "Trois clefs pour réinventer la ville européenne," *Futuribles*, no 354, July-August
2009.

쇼를 찬양하며

그렇다면 프랜차이즈 도시화하는 경향에 어떻게 대응할 것인가? 우리가 (탈맥락화된 흐름에만 연결되어 있는[9]) '글로벌 도시'의 유혹에 굴복하지 않으려고 한다면, 메트로폴리탄적 명령은 그런 유혹의 완벽한 표현을 발견한다. 적어도 피에르 벨츠Pierre Veltz가 묘사하는 한에서는 그렇다. 벨츠의 주장에 의하면, 오늘날 주요 도시들은 경제적으로 빨라지는 지구적 교환 속도를 억제하지 않으면 안 된다. 유대와 기술skills, 조화로운 공존과 지식을 위해서 말이다. "경제 리듬의 속도 증가와 느림·회고에 대한 요구, 즉 기술·유대에 대한 요구 사이의 간극은 더 벌어지고 있다."[10] 이때부터 '도시 시민권'의 개입, 그리고 그런 개입이 '이동적 공간-시간'에 대해 갖는 함의 때문에 우리는 도시 지구화의 강력한 경향(장소보다 더 강력한 흐름, 다양성과 관련하여 '우리처럼like us'을 감수하려는 만연한 욕망, 사적인 것에 의한 공적인 것의 흡수)을 거부하게 된다. 이는 특히 프랜차이즈 도시에 맞춰진 도시 계획 모델을 수반하는 경향에 대한 거부다.

---

9 Regarding these notions that involve differentiated visions and strategies, see Ludovic Halbert, *L'avantage métropolitain*, Paris, PUF, 2010.

10 Veltz (P.), *Mondialisation, villes et territoires: une économie d'archipel*, Paris, PUF, 2005, pp. 266-267.

연결과 공공 공간

도시 문화의 메트로폴리탄적 차원을 분쇄하고, 도시 문화의 신체와 연결성을 개발하는 일은 공공 공간에 새로운 의미와 접근권―동일하게 고려해야만 하는 항목들―을 부여하는 방식이기도 하다. 여기서 핵심은, 중심지와 경제적 클러스터 가운데 하나만 고려하는 것이다. '그랜드 파리 프로젝트'의 전문가 패널들은 흔히 공공 사업체를 무시하곤 하지만(예를 들면, 병원을 빼 버린다), 우리는 공공 공간에 부여된 자리와 역할, 공공 공간의 존재 조건, 접근 조건, 다각화 등을 궁리해야만 한다. 널리 개방되어 있지 않고 접근하기도 어려운 그런 공공 공간, 즉 그런 공적 연결이란 과연 무엇인가? 박물관, 도서관, 기록보관소, 대학 빌딩, 역사적 장소, 병원 등은 모두 공공선(문화, 교육, 의료 등)에 도움이 된다.

모빌리티는 연결성, 즉 물질적·비물질적 수준에서 접근권 문제와 분리 불가능한 연결성으로 되돌아간다. 장 투생 드장티Jean-Toussaint Desanti는 이렇게 말한다. "가상의 것은 우리가 사물에 접근하는 방식처럼 사물을 변화시키지 못한다." 프랑스와 기타 지역에는 흥미로운 사례들이 많다. 예컨대, 릴Lille에 있는 생 뱅상 드 폴 병원의 내부 관통 도로는 이 병원의 주변 접근권을 바꾸어 놓았다. 건축가 로젤리오 살모나Rogelio Salmona가 설계한 콜롬비아 보고타의 공공 공간은 놀라울 정도다. 시장이 살모나에게 읽을 줄 모르는 사람들을 위한 도서관 건립을 의뢰한 것이다. 대단한 업적이다! 프랑스의 1960년대 주택계획에서는 국가가 영향력이 있었고 국책 기관들은 잘 보이지 않았다. 이런 나라에서는 공공 공간(예컨대, 기차역은 공공 공간으로 규정된 연계 구역이다)과 그에 대한 접근권을 연출하는 일이 도시의 정언명령이 된다. 공공 공간에는 온갖 종류의 녹색 공간들도 포함된다. 여기에는 공원과 정원뿐만 아니라 보르도 같은 매우 감성적인 환경, 즉 숲과 건강이 도시에 인접해 있는 그런 환경도 해당한다.

그래서 우리는 속도와 모빌리티를 숙고할 때면 부득이하게 네트워크 세계에서의 연결과 공공 공간이 처한 상태를 생각하고, 또 여러 종류의 접근권(콜롬비아 메델린Medellin과 마니살레스Manizales에 설치된 안데스 케이블카, 알제리 콩스탕틴Constantine의 '계란 모양' 의자식 승강기)과 복합운송(스위스 취리히역)을 성찰하는 경향이 있다. 간단히 말해서, 우리는 모빌리티가 다원적이게 되는 것을 거부해야 한다.

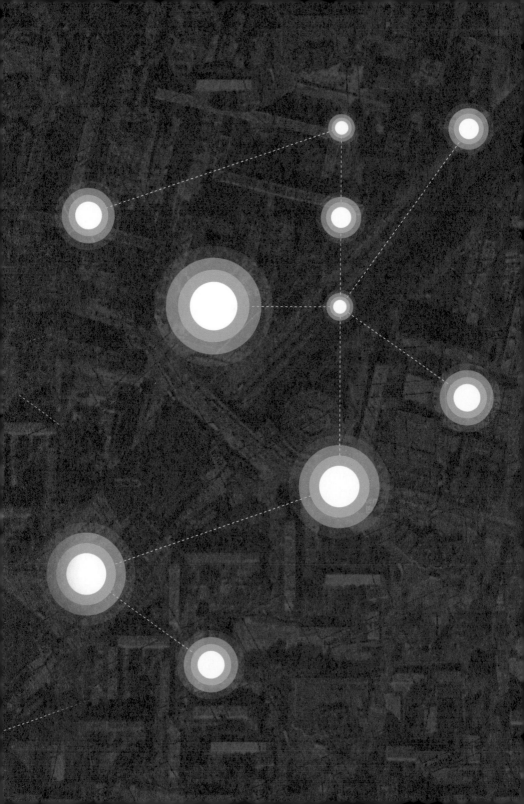

후안 파블로 보카예로*Juan Pablo Bocajero*

개발도상 도시와
모빌리티에 대한 권리

Developing
Cities and
Right to
Mobility

* 교수, 안데스대학, 보고타

개발도상 도시의 경우 도시화의 지속적 증가는 중요한 난제를 제기
한다. 도시는 일자리, 더 나은 의료와 교육, 근대적 생활 조건과 더 밝
은 미래 등의 희망을 제공한다. 거의 대부분의 사람들이 도시에 살기
위해서라면 기꺼이 생활 조건 또는 모빌리티 조건의 어려움을 인내
하려고 할 것이다. 도시의 인기는 그런 문제들에 대한 정부의 대응 능
력을 능가한다. 모빌리티 권리(양호한 위생 상태, 깨끗한 물, 기타 다른
기본적인 서비스 등에 대한 권리가 아직 완전히 부여되지 않은 나라에서
는 여전히 모호한 관념) 보장을 목표로 하는 기관, 예산, 프로젝트 등
은 진전되지 않거나, 진전되더라도 완만하게 이루어질 뿐이다.

　개발도상국에서 모빌리티 권리를 둘러싼 논쟁은 또한 새로운 문제
들을 제기한다. 선진국 주민들에게 모빌리티에 대한 권리가 자유로

운 이동의 권리—어디든, 언제든, 어떤 수단으로든 자유롭게 이동할 수 있는 권리—와 밀접하게 연결되어 있다면, 개발도상 도시가 기대하는 바는 훨씬 더 평범하다. 일찍이 유럽인의 3분의 1에 불과했던 개인 모빌리티와 더불어, 중요한 것은 도시가 제공하는 기회들, 특히 교육과 고용에 대한 접근권이다. 그러므로 당국은 접근을 보장할 수 있어야 한다. 소외된 사람들이 도보로, 그리고 자기 수입에 적합한 가격으로 대중교통 서비스에 접근할 수 있어야 한다.[1]

개발도상국에서 기본적인 모빌리티 권리는 또한 안전 문제와 관련이 있다. 대중교통의 안전 결핍은 그 때문에 발생하는 수많은 사망자와 부상자를 보면 분명히 알 수 있다. 열악한 서비스, 높은 비용, 불편함 이상으로 몇몇 나라에서 크게 문제가 되는 것은, 대중교통이 길거리 이용자들의 생명을 위협한다는 점이다. 우리는 부유한 나라들의 (자동차 이용에 기반한) 교통안전 정책을 오랫동안 모방해 온 결과, 가장 치명적인 사고는 대중교통과 보행자 간 상호작용에서 발생한다는 것을 깨달았다.[2] 많은 개발도상국에서 도로 사고는 모빌리티에 의한 불가피성으로 인식된다. 그러나 모빌리티 권리는 이동하는 동안 누군가의 삶을 위험에 처하게 하지 않을 권리이기도 해야 한다.

---

1 Bocarejo (JP), Oviedo (D. R.), *Transport accessibility and social exclusion: A better way to evaluate public transport investment*, WCTR, Lisbon, 2010.

2 Bocarejo (J.P.), Díaz (C.), *Characterization of Fatal road traffic accidents using k-means clustering – A case study of Bogotá*, TRB, Washington, 2011.

개발도상국에서 모빌리티 권리는 변함없이 접근권 차이에 따른 불평등에 비추어 숙고된다. 접근권 차이는 개인의 이동 거리(킬로미터), 개인의 하루 이동 횟수, 개인의 이용 가능한 교통양식, 개인의 교통수단 등으로 쉽게 측정할 수 있다. 예컨대, 보고타에서 부유한 남자의 하루 이동 횟수는 대개 가난한 여성의 하루 이동 횟수보다 2배 더 많다.[3] 하지만 환승에 소요되는 시간은 대략 비슷할 것이다. 하루 교통비는 부유한 가정(가계비의 5퍼센트 소요)이 가난한 가정(교통 관련 비용에 가계비의 20퍼센트 소요)보다 10배 더 많을 수 있다.[4]

몇몇 연구자들은 오직 유럽 도시의 대중교통에만 기초해서는 공정한 모빌리티를 달성하기 어렵다고 이야기한다. 유럽에서 자동차는 탁월한 평등의 상징이다—멀리 떨어진 교외 거주자들이 도심부에 접근할 수 있는 유일한 방식이다. 반면 개발도상 도시에서는 기회에 대한 보편적 접근권이 대중교통에 광범위하게 의존한다. (특히 라틴아메리카와 아시아의) 개발도상 도시들의 경우 경제성장이 자가용 소유의 증가로 이어지기는 했지만, 인구의 일정 부분은 여전히 대중교통에 의존한다. 대중교통은 사람들의 이동을 반으로 줄여 놓았다.

개발도상국은 점차 대중교통 전용차로를 구비해 가고 있다. 특히

---

3 Bocarejo (J.P.), Lecompte (M.C.), *Construction, deconstruction of urban highways*, ITDP, CTS Mexico (forthcoming).

4 Bocarejo (J.P.), Oviedo (D.R.), *Transport accessibility and social exclusion: A better way to evaluate public transport investment*, WCTR, Lisbon, 2010.

간선급행버스체계BRT 도입이 붐을 이루고 있다. 간선급행버스체계는 설치 비용이 한정된 공공 예산에 잘 들어맞으며, 통근 시간·공해·사고 등을 줄이는 데 도움이 된다. 하지만 이 서비스가 매우 열악한 처지에 놓인 사람들의 모빌리티 권리까지 보증해 주지는 않는다. 그와 같은 새로운 교통 모델을 도입해도 가난한 이웃의 개인 모빌리티는 증가하지 않으며, 심지어 어떤 이들의 개인 모빌리티는 감소하기도 한다.

그 이유 중 한 가지는, 엄두도 못 낼 만큼 비싼 가격 때문에 새로운 서비스에 대한 접근권이 제한된다는 데 있다. 새로운 서비스는 또한 더 저렴하면서 더 편안한 교통양식, 즉 이전 시대에 별 어려움 없이 도심부로의 장거리 이동을 가능하게 해 주었던 교통양식을 근절시킨다. 결국 도시 확산 때문에 접근권이 훨씬 더 제한되는 것이다. 개발도상 도시에서 지속가능한 모빌리티를 보증하는 것과 관련하여 대중교통은 필수불가결하다. 하지만 새로운 모델 또는 교통양식을 도입할 때 접근 가능성 문제를 고려하지 않으면 그 대중교통은 비효율적이게 된다.

급속한 경제성장을 경험하는 도시에서 모빌리티는 단시간에 근본적으로 바뀌었다. 1990년대 칠레 산티아고의 자동차 이동은 80퍼센트 증가했고, 하루 이동 기준 자동차의 점유율은 20퍼센트에서 40퍼센트로 늘었다.[5] 지난 5년 동안 보고타의 오토바이 수는 5배가 되었고 자동차 수는 2배가 되었다.[6]

이 도시들은 모빌리티 자유를 획득하게 된 걸까? 그리고 불평등에 대한 투쟁은 개인용 차량에 대한 보편적 접근권을 통해서 승리를 거두게 된 걸까? 상파울루, 멕시코시티, 방콕 같은 도시의 경험은 자가용 승용차에 대한 광범위한 접근권이 모빌리티 권리를 보증해 주지 못함을 보여 준다. 오히려 반대로, 그 경험은 역설적이게도 부동성 immobility 선호로 귀결되었다. 사실, 인프라는 개인 교통양식의 이용 급증을 따라잡을 수 없다. 안정적인 서비스 수준을 보장하기에는 예산도 공공 공간도 충분하지 않은 듯하다. 교통 사정은 더 나빠지고, 통근 시간은 늘어나며, 자동차 소유자는 모빌리티 권리를 잃어 가고 있다. 상파울루의 헬리콥터 서비스 같은 새로운 해법은 부자들의 모빌리티를 일정 정도 유지해 줄 뿐이다(인구의 나머지 부분에게 그런 해법은 불가능하다). 부자와 빈자는 한 배를 타고 있다. 그들 모두 모빌리티가 제한되어 있다는 점에서는 말이다. 이는 강력한 부정적 외부성들, 즉 건강한 환경 또는 생산적 관습에 대한 권리를 포함한 기타 권리들을 위태롭게 만드는 부정적 외부성들의 원인이기도 하다.

새로운 역설이 있다. 우리가 어디서든, 언제든, 어떤 방법으로든 이

5 Encuesta OD 2001, www.sectra.cl.

6 Uniandes, CCB, 2010.

동의 자유를 제한하려고 한다는 것이다. 보고타의 경우 매일 40퍼센트의 자동차는 주행이 금지된다. 멕시코와 칠레 산티아고의 공해 유발 차량도 마찬가지다. (미국와 유럽의 도시에서는 전혀 가능하지 않은) 이런 제한은 런던의 통행료나 파리의 버스전용차로와 동일한 목적을 갖고 있다. 즉, 자동차 이용을 줄이는 것이다. 첫 번째 모델의 메시지는 이렇다. "이제 모든 사람은 대중교통을 이용해야 한다." 두 번째 모델(즉, 통행료)의 메시지 역시 명료하다. "―다시― 이제 가난한 사람들은 대중교통을 이용해야 한다."

생태학적으로 정향된 모빌리티 비전의 초석으로서, 요구하면 실행하는 '예측과 예방' 정책이 선진국에서 강력한 지원을 받고 있다. 개발도상국의 경우 그런 정책의 채택은 '지속가능한 저개발'을 내포하는가? 개발도상국에서 자동차 소유율은 대략 100명당 20대다. 개인 모빌리티는 미약하며―하루 평균 2번 이동―, 따라서 1인당 에너지 소비도 미약하다. 경제성장은 부분적으로 교통 분야의 성장, 그리고 강력한 모빌리티에 어울리는 풍요와 낭비에 의존하는 게 아닐까? '상당한' 정도의 경제 발전을 이룩한 나라들이 여전히 노고의 열매를 분명히 보여 주지 못하고 있는데도, 개발도상국은 왜 벌써 '탈동조화 decoupling'[7]에 대해 생각해야만 하는 것일까?

우리는 번거롭고, 비싸고, 궁극적으로 낭비가 심한 물리적 모빌리

---

7 (역주) 국가와 국가, 또는 국가와 세계가 경제적으로 서로 다른 흐름을 보이는 현상.

티를 교체하기 위해서 가상의 정보통신 모빌리티를 10년 동안 기다려 왔다. 몇몇 연구에 따르면, 유럽 주요 도시에서 의무적 이동이 감소하고 있다. 많은 기업이 4일 노동제를 채택하고 있고, 화상회의 도입으로 장거리 통근을 줄이고 있다. 그럼에도 불구하고 대도시의 경우 대중교통의 차량 운행 거리와 이동 횟수는 증가하고 있다. (라틴아메리카를 포함한) 개발도상국에서는 스마트폰과 인터넷 접근권이 중요하다—그리고 널리 퍼져 있어서 이와 관련한 불평등은 거의 존재하지 않는다. 연결성은 빈국과 부국의 공통분모가 되어 버린 듯하다. 그러나 정보통신의 광범위한 활용이 모빌리티 권리 획득을 의미하는 것은 아니다.

개발도상국에서 모빌리티 자유라는 이념은 어떻게 발전할까? 2030년이 되면 오늘날 선진국의 상황과 동일한 상황에 놓이게 될까? 개발도상국은 그들의 발자국을 뒤쫓아야 할까?

남미와 유럽의 몇몇 도시들이 도시 고속도로의 해체를 고민하는 반면, 멕시코 도시들은 수도의 사례를 따라 고속도로의 중층화를 실제로 고려하고 있다.[8] 우리는 과거 대중교통 이용자들이 강력한 경제 성장과 함께 자동차와 오토바이로 집단 전환하는 일 또한 목도했다. 게다가 개발도상 도시의 경우—부유한 도시에서 크게 의문시되는—

---

8 Bocarejo (J.P.), Lecompte (M.C.), *Construction, deconstruction of urban highways*, ITDP, CTS Mexico (forthcoming).

도시 확산을 피하기 어려운 것처럼 보인다.

여러 시나리오를 그려 보면, 2030년 우리 사회에서 모빌리티에 대한 권리가 무엇을 표상하게 될지 상상할 수 있다. 오르푀유Orfeuil 등[9]이 몇 가지 시나리오를 제안한 바 있는데, 모두 문제를 안고 있는 사회가 채택한 접근법에 의존하는 것들이다. 테크놀로지적 · 경제적 · 상호작용적 · 정치적 편향에 따라 상이한 결정이 내려질 것이고, 그래서 모빌리티에 관한 한 상이한 미래가 전개될 것이다. 아체베도와 보카레호Acevedo & Bocarejo[10]는 자신들이 내린 미래에 대한 판단(이 도시들은 대중교통 도시가 될까, 자동차 도시가 될까?), 그리고 개인적 만족보다 더 큰 선을 공통의 최우선 과제로 만들 수 있는 제도의 능력을 토대로 콜롬비아 도시들의 미래 시나리오를 제시한다.

미래 시민들의 모빌리티 관련 요구와 욕망(하루 통근 시간 80분, 연간 수입 10퍼센트 이내의 교통비)은 변하지 않을 것이다. 개인들이 운영 비용(과 개인들이 유발하는 외부적 비용[11])을 토대로 책정된 요금을 지불하고 안전하고 깨끗한 여러 교통양식에 대한 접근권을 보유함에 따라, 그들은 아주 먼 거리를 이동할 수 있고 원한다면 집 가까이에

---

9 Orfeuil (J.P.), et al., *Mobilité urbaine : cinq scénarios pour un débat*, Paris, DRAST, CPVS, 2011.

10 Acevedo (J.), Bocarejo (J. P.), LLeras (G.), Rodriguez (A.), Echeverry (J. C.), & Ospina (G.), *El transporte como soporte al desarrollo de Colombia: Una visión al 2040*, Bogotá: Ediciones Uniandes, 2009.

11 (역주) 매연이나 분진 같은 공해를 제거하는 데 쓰이는 사회적 비용.

머물 수도 있을 것이다. 개인들의 주거지 및 목적지 선택은 교통 경비를 산정하는 데 중요할 것이다. 교통 당국은 운임 체계를 완비할 것이고, 사회는 글로벌 시장의 개인적 토대 위에서 협상된 모빌리티에 대한 권리를 갖추게 될 것이다.

마티아스 에차노브 · 라훌 스리바스타바*Matias Echanove & Rahul Srivastava* [*]

고속도로 위의 마을

The Village
on the
Highway

[*] 도시학연구소 공동 소장, 고아Goa, 인도

모빌리티 문제와 모빌리티에 대한 권리는 도시계획 및 개발과 밀접하게 관련되어 있다. 특히 인도에서는 그렇다. 인도의 미래 비전이 단연 도시 중심적이고 중산계급 중심적이기 때문이다. 시골적 에토스에서 도심부가 지배하는 에토스로 사회가 이동하는 것은 이주 통계에서와 같이 직선적이지 않다. 초대형 인프라 계획이 국가 전체에 걸쳐 설계되고 정보통신 네트워크가 시골 지역 깊숙이 침투해 들어가는 동시에, 도시 내부에서 마을 형태가 재생산되기도 한다. 새로운 이웃의 그림자 밑에서 말이다. 이런 공간은 아주 작은 마을과 슬럼부터 유서 깊은 정착지를 아우르며 광역 주거 네트워크를 형성하고, 그래서 어쩌면 인도 도시화의 밑바닥 현실을 이해하게 해 준다.

여기 새로운 인도가 온다

세계의 대규모 도시개발 계획 가운데 몇몇은 현재 인도에서 진행되고 있다. 그 규모는 대한민국과 중국이 지난 수십 년 동안 겪은 경험을 넘어선다. 예를 들어, 델리-뭄바이 산업회랑Delhi-Mumbai Industrial Corridor(DMIC)은 1,483킬로미터 떨어진 두 도시, 각각 150~200킬로미터 지대에 걸쳐 있는 두 도시를 연결한다. 여기에는 24개가 넘는 새로운 '스마트' 시티들이 밑바닥부터 설계되고 있다.[1] 이 회랑의 생명선은 왕복 10차로 고속도로와 연결되어 있는 화물 전용 철도 인프라이다.

과거에도 인도의 메가시티들을 상하이나 싱가포르 방식으로 바꾸려는 노력이 있었다. 그러나 여러 요인, 즉 고질적 부패, 미숙한 건설 관행, 관리 부족, 도시와 시골 내부 사이의 높은 인구학적 역동성 때문에 어려움을 겪었다. 그 결과 투자자와 관료들은 도시개발에서 좀 더 선별적인 접근법을 선호하게 되었고, 어디서든 가능하기만 하면 '세계-수준'의 잡동사니들을 만들어 내려고 했다. 그 대표적 사례가 지난 10년 동안 40개 이상의 거대한 쇼핑몰이 신축된 뉴델리의 구르가온Gurgaon 교외 지역이다. 이 지역에서는 공간이 발견되기만 하면 쇼핑몰이 들어서고 있는 듯하다. 심지어 도시의 소외된 지역에도 모

---

1 Total of 24 cities being planned, Arati R Jerath, *Times of India*, Jan 15, 2011, http://timesofindia.indiatimes.com/city/jaipur/Total-of-24-cities-being-planned/articleshow/72 89512.cms

든 것이 개선될 것이라는 희망 속에서 쇼핑몰이 들어서고 있다. 델리 지하철은 중산계급이 성장할 거라는 열광적인 믿음에 기름을 부었다. 소비자에게 높은 비용을 부과했음에도 불구하고, 지하철은 곧 서로 다른 사회적 배경을 가진 승객 무리의 공격을 받았다.

뭄바이는 세계에서 가장 높은 주거 타워를 건설하고 있다. 이 타워는 내부에 모든 생활 편의시설을 갖춘 자족적·배타적 공간으로 구상되었다. 또 다른 거대한 계획인 밴드라 워리 해상 교량Bandra Worli Sea Link은 델리 지하철에 대한 뭄바이의 응답이다. 길이 5.6킬로미터의 8차로-광폭 교량은 해안 지대와 평행을 이루며 북쪽 교외와 도심부를 연결한다. 이런 엄청난 공공 인프라는 두 지역 주변의 부동산 가치를 상승시켰고, 자동차를 사고 통행료를 납부할 만한 여유가 있는 사람들의 통근 시간을 현저하게 감소시켰다. 하지만 그 해상 교량은 도시에 거주하는 대다수 사람들에게는 아무런 의미도 없다. 그 도시에서 자가용은 전체 통근의 2퍼센트에 불과하기 때문이다.[2]

---

2 Rode (P.), "Mumbai: The Compact Mega City", *Urban Age Mumbai*, November 2007, http://www.urban-age.net/10_cities/07_m umbai/_essays/mumba i_Rode.html

도시의 염원이 밑바닥 현실과 만난다

델리-뭄바이 산업회랑을 따라 신도시를 개발하려는 계획은 투자자와 공무원들의 열망을 가장 잘 보여 준다. 신도시들은 서로서로뿐만 아니라 세계의 다른 도시들과도 잘 연결될 것이다. 신도시들은 선형적 네트워크에 따른 지역 노드node로 기능할 텐데, 이것이 바로 그들의 존재 이유일 것이다. 하지만 신도시들이 지역에 결합하게 될지 그 여부는 두고 볼 일이다. 결국, 거리와 근접성은 경제적·사회적 관계들의 기능이지 마일 단위의 실제 물리적 속도가 아니다. 이 점은 아래에서 설명하겠다.

도시는 장거리 통근자들을 위해서 간편한 고속도로 연결망을 수립하는 한편, 경편輕便철도나 버스를 모든 통근자가 이용할 수 있도록 만든다. 모든 도시는 지역 도로망을 개선하는 것과 더불어 최신 시설을 갖춘 공항을 구비할 것이다. 하지만 연결성은 인프라 문제로만 국한되지 않는다. 신도시와 주변 지역 사이의 경제적·사회적·문화적 간극은, 정확히 델리의 새로운 쇼핑몰과 그 인근 지역 사이의 간극만큼 넓을 가능성이 있다.

상품부터 사람까지 이런 계획도시의 모든 것은 '멀리 동떨어진 곳'에서 수입되어 거기에 자리 잡는다. 델리-뭄바이 산업회랑을 따라 늘어선 소도시와 마을의 입장에서 보면, 신도시들은 동떨어져 있는 낯선 것으로 계속 남을 수 있다. 신도시들이 종합적으로 설계되었든 우후죽순 난립해 있든, 인도의 도시들은 아직도 지역 경제와 생태학의 결합 방법에 대해 배울 것이 많다. 건설 산업과 서비스 부문은 확실히 지역 노동력을 흡수할 것이다. 건설 산업은 확장해 감에 따라 주변 마을을 슬럼으로 바꾸어 놓을 수도 있다. 이때 슬럼은 지방에서 올라온 이주노동자들이 구입할 수 있는 열악한 주택을 제공함으로써 신도시를 뒷받침할 것이다.

뭄바이, 델리, 방갈로르 등 급성장하는 도시 지역에서 저임금 노동력은 상대적으로 도시의 적은 부분만 점유한다. 저임금 노동력은 보통 공공서비스와 인프라가 결여된 고밀도 주거지에 거주한다. 주거 공간이자 생산 공간으로서 기능하는 그런 주거지 말이다. 이 주거지에는 대개 시골 이주민들이 살고 있다. 이들은 식민지 시기까지 거슬러 올라가는 광역철도망(세계에서 네 번째로 넓은 철도망)을 이용해서 매년 계속 고향 마을에 다녀오는 이주민들이다. 도시에서 태어난 이주민의 자식들도 계속 그 마을과 도시 사이를 통근한다. 이는 도심에서 시골 문화, 시골 장인정신, 시골 생활양식 등이 지속되는 이유를 설명해 준다.

인도 전역의 마을에서 흔히 볼 수 있는 장인의 가내 생산 제품은 자족성의 방도로 찬양을 받기도 했다. 그 가내 제품은 철도 노선 또는 포장도로를 따라 늘어서 있는, 셀 수 없이 많은 도시 슬럼의 임시 막

사에서 재생산되고 있다.[3] 낮이 되면 침실은 생산시설이 된다. 밤이 되면 상점은 침실이 된다. 생활 공간과 노동 공간이 뒤섞이면서 최상의 공간 활용이 가능해진 것이다.

가장 유명하고 기록도 잘 되어 있는 주거지는 뭄바이 중심부에 위치한 다라비Dharavi다.[4] 이 지역은 몇 세대에 걸쳐 점진적으로 개발된 결과 독특한 공간 조직, 곧 일터와의 근접성을 규칙으로 하는 공간 조직을 형성하게 되었다. 고밀도, 빈곤, 높은 땅값 등으로 인해 시간의 흐름에 따라 잠식되어 좁아진 길을 따라 대부분의 건물이 정열되었고, 그 결과 보행자 중심의 매우 생산적인 주거지가 형성되었다. 뭄바이에 사는 중산계급 주민들이 통근할 때 보통 기차, 버스, 자동차 등을 이용해 하루 2~3시간이 걸리는 것을 감안할 때, 그 점은 중요하다.

새로 설계된 도시들이 이 패턴을 참조했다면, 도시 경제를 강화하고 지역 개발, 포섭, 모빌리티 같은 대안적 관념을 탐구할 수도 있었을 것이다. 또한 신도시는 물리적 거리 축소를 겨냥한 고속 교통 체계 중심으로만 설계되기보다는 통합 환경integrated environments의 개발을 촉진하고 경제의 모든 층에 중점을 둘 수 있을 것이다. 그러려면 기존의 패턴들을 인정하고 존중해야만 한다.

---

3 (M.) and Srivastava (R.), "The Village Inside" in *What We See: Advancing the Observation of Jane Jacobs*, edited by Stephen Goldsmith and Lynne Elizabeth. New Village Press, New York. May 2010.

4 www.dharavi.org

마을과 도시를 별개의 분리된 실재가 아니라 서로 중첩되는 상호-맥락적 공간들로 본다면, 거리와 모빌리티라는 관념은 또 다른 의미를 얻을 수 있다. '스마트 시티'는 지역 경제와 지역 체계의 사체 위에서 재창조되어서는 안 될 것이다. 반대로 스마트 시티는 침체되어 있던 주거지들에 활기를 불어넣을 수 있었는데, 이는 그 주거지들이 생산성과 연결성보다 거리의 측면에서 평가를 받아 왔기 때문이다.

예를 들어, 고아Goa는 마을과 소도시가 어떻게 주요 도시와 그 주변이라는 논리와는 다른 논리로 함께 통합될 수 있는지 보여 주는 좋은 사례다. 고아주는 189개의 마을과, 그보다 더 큰 인구 10만에 이르는 5개의 소도시들 간 네트워크다. 이 소도시들은 들판과 숲 사이사이에 들어서 있고, 각각의 정주지는 작은 도로와 수로로 이루어진 복잡한 그물망을 통해서 고아주의 다른 정주지와 연결되어 있다. 역사적으로 볼 때, 이 공간 구성은 고아주의 마을과 촌락이 생존을 위해서 의존해 온 수원水源과 수계水系의 섬세한 균형에 연결되어 있다. 오늘날 거주지에는 연결성과 모빌리티라는 주류 메커니즘, 즉 부동산 개발 및 도시의 염원과 연결된 계획 논리가 부가되어 있다.

일부 마을은 오래된 이동 양식의 리듬이 깨질 것이라는 이유로 새로운 도로와 교량을 완강하게 거부했다. 이는 그 마을이 오로지 다른 방식으로, 말하자면 효율적 의사소통 시스템 또는 이주 이동을 통한 지구적 연결을 통해서 연결되었기 때문에 가능한 일이었다. 내부적으로 그 마을은 충족성sufficiency의 요소를 창출하도록 관리되었다. 말하자면, 농업·의사소통·여행 등과 연결된 생활 조건 덕분에 일상적 이동의 필요성이 적었고, 그래서 9시부터 5시까지라는 산업 모델에 대립하게 된 것이다. 고아시의 다섯 소도시가 주변 마을에서 최대 1시간 정도만 떨어져 있다는 점도 역시 그런 반대에 도움이 되었다. 이 모두는 급격하게 변화하고 있기는 하지만 모빌리티와 도시성의 대안적 모델을 보여 주는 사례다.

인도의 다른 지역에서도 지역 경제는 광역철도망, 즉 전원 지구에 깊숙이 침투해 있는 철도망에 의해 뒷받침되었다. 이 철도망은 흐름들이 전국적이면서도 지역 내에서 유지되도록 해 준다. 이는 2030년 인도 인구의 대부분이 여전히 시골에 거주할 것이라는 세계은행의 예측을 고려할 때 특히 중요하다.

새로운 정보통신테크놀로지는 철도망보다 더 깊숙히 인도 인구의 모든 계층에 침투하고 있다. 인터넷 기반 스마트폰의 확산은 이미 도시와 마을 간 연결을 강화하고 있고, 개인적 교류와 사업상 거래가 거리를 뛰어넘어 이루어지도록 하고 있다. 스마트폰은 실제 농촌 시장을 바꾸어 놓았고, 기존의―많은 경우 제한적인―물리적 모빌리티 양식을 보완함으로써 지역들을 서로 연결했다.

오늘날 인도에서 개발되고 있는 '세계-수준 도시'는 20세기 유토피아 도시계획의 포토샵 버전처럼 보인다. 그 도시는 다차선 고속도로, 화려한 쇼핑몰과 오락시설을 갖춘 주거·법인 타워들이 늘어서 있는 르 코르뷔지에Le Corbusier 스타일의 공원을 겸비하고 있다. 하지만 새로 건설된 대중교통과 도로망은 대부분의 주민이 이용할 수 있는 게 아니다. 뿐만 아니라 그런 인프라는 많은 경우 주거지를 파괴한다. 지역 경제를 다변화함으로써, 작업 공간과 생활 공간을 가깝게 유지함으로써 거리의 도전에 오랫동안 응전해 왔던 그런 주거지를 말이다.

오늘날 도시개발 경향은 물리적 거리의 초월을 목표로 하는 고속 모빌리티 도로축에 기초해 있다. 동일한 모델을 상이한 규모로 재생산하는 일은 도움이 되지 않을 것이다. 우리가 보여 주려고 했던 것처럼 그 모델 자체에 배제가 구축되어 있기 때문이다. 모빌리티가 분명 21세기의 보편적 권리가 되어야 한다면, 그것은 오로지 생활–노동의 창조적 배치와 의사소통 테크놀로지의 완벽한 활용을 통해 거리를 폐기하는 그런 시스템을 장려함으로써만 성취될 수 있다.

스벤 케설링*Sven Kesselring* *

재택근무:
예외에서 규칙으로

Telecommuting:
from Exception
to Rule

* 사회학자, 뮌헨공과대학

일을 조직하는 여러 방식을 보면 근대사회가 물리적 차원 및 가상적 차원과 맺고 있는 관계를 더 잘 이해할 수 있다. 사회학자 지그문트 바우만Zygmunt Bauman이 볼 때, 우리는 '액체 근대'의 시대를 살고 있다. 이는 대형 기계가 작은 크기의 사용하기 쉬운 고성능 디지털 장치로 교체된 시대다. 모빌리티가 편재한다고 해도, 모틸리티[1]—이동할 수 있는 능력—는 머지 않아 인류에게 결정적인 문제가 될 것이다. 2030년으로 가 보자. 개인들이 여전히 경제적으로도 생태학적으로도 이동할 수 있다고 가정하면, 어떤 위치에서도 업무를 볼 수 있는 작은

---

1 Canzler (W.), Kaufmann (V.), Kesselring (S.), *Tracing Mobilities*, Ashgate Publishing company, Aldershot, 2008.

기계 위에서 재택근무가 이루어질 것이다. 이 기계는 언제 어디서든 우리가 소통하고, 정보를 획득하고, 연락을 취하게 해 줄 것이다. 우리는 '직장'과 물질적 장치들은 우리에게 테크놀로지에 대한 접근권을 부여하는데, 그에 대한 의존성이 오늘날보다 훨씬 더 불분명하게 될 것이다.

원격업무와 재택근무가 광범위해지리라는 것, 오늘날 우리가 상상할 수 없을 만큼 그렇게 되리라는 것은 의심의 여지가 없다. 머지않아 우리는 글자 그대로 어디서든 일을 할 수 있게 될 것이다. 업무의 복잡함이나 필요한 상호작용 횟수와 무관하게 말이다. 그와 동시에 고성능 인프라의 구축은 노동자들이 원격으로 작업 환경에 접근하여 데이터를 전송할 수 있도록 해 줄 것이다. 일을 동료들이 언제든-할 수 있는 것으로 만들면서 말이다. 미래형 노마드-노동자에 대한 요구는 매우 정교한 하나의 장치를 통해서 충족될 것이다. 데이터의 처리와 보관, 즉 통신공학과 연결성을 결합할 수 있는 고속 글로벌 네트워크에 연결된 다용도·다목적·소형 컴퓨터가 그것이다. 이런 일체형 테크놀로지는 모든 유형의 네트워크에 대한 지구적 접근권을 제공하고, 그래서 노마드-노동자들이 작업 환경과 사생활을 수하물에 담아 운반할 수 있게 해 줄 것이다. 노마드-노동자들은 호놀룰루의 해변에 앉아 마치 거기에 함께 있는 것처럼 가족들과 이야기를 나누고, 그와 동시에 회사 서버에 데이터를 업로드할 수도 있을 것이다. 이미 어느 정도 실현된 이것은 2030년에는 분명 규칙이 될 것이다.

많은 노동자들에게 그런 상상은 벌써 현실이 되었다. 해변이 중국의 시골이나 모로코 마을 어딘가의 소박한 호텔로 바뀌기는 했지만, 이미 거의 모든 곳에서 네트워크에 연결된 채 일도 하고 거주도 할 수 있다.

마찬가지로, 우리가 TGV나 자동차를 타고 파리·코펜하겐·베른 등으로 출장을 떠날 때 필요한 것은, 혹시 모를 긴급한 기술적 문제를 해결하기 위해서 동료들과 연락할 수화기밖에는 없다. 전기통신이 중심 무대를 차지했다. 사실 전기통신은 많은 사람들의 일상생활을 방해하는 요인이 되고 있다. 사회학자 노르베르트 슈나이더Norbert Schneider가 추정한 바에 따르면, 오늘날 독일에서 "직업적 모빌리티는 다섯 명 중 한 명에게 영향을 준다. …셋 중 한 명은… 직장을 다니는 동안 어떤 시점에서 출장을 떠나게 될 것이다." 오늘날 세계에는 대략 10억 명의 재택근무자들이 있는 것으로 추산된다―그 숫자는 계속 늘어날 뿐이다.[2]

정보통신회사 시스코CISCO의 연구에 따르면, 2011년에는 세계 경제활동인구 가운데 4분의 1이 직업적 모빌리티의 영향을 받을 것이고, 어떤 조치도 이런 경향을 늦출 수 없는 것처럼 보인다. 도널드 히스롭Donald Hislop 같은 과학자들은 모빌리티를 미래 경제 주기를 결정할 기본 원리로 부를 정도다. 2030년이 되면 개인, 자본, 혁신, 물적

---

2 IDC Report 2008: *Worldwide Mobile Worker 2007-2011 Forecast and Analysis*.

자원, 지적 자원 등의 모빌리티를 시행하는 일(과 그를 지속시키는 일)이 우리 사회의 지배적 주제가 될 것이다. 그렇다면 경제적, 생태적, 사회적 토대들의 균형을 해치지 않은 채 모빌리티를 장려하는 방법으로는 어떤 게 있는가? 지구화된 경제와 코스모폴리탄적 생활 방식은 공동체의 원천 그 자체를 파괴할 위험이 있지 않은가? 가까운 미래에 그런 문제는 사회정의, 민족정체성, 민족국가의 주권만큼이나 중요하게 될 것이다.

그런 담론은 카산드라Cassandra 이야기[3]를 상기시킨다. 모든 일이 다소 암울해 보인다는 점을 시인하지 않을 수 없다. 모빌리티와 우리의 관계는 심각한 변화를 맞게 될 것이고, 모빌리티가 초래할 위험은 가장 중요한 문제가 될 것이다.

이동적이라는 것은 오랫동안 특권으로 여겨졌다. 출장을 떠난다는 것은 누군가를 책상에 앉아 있는 동료들과 구분 짓는 방식으로 보였다. 언제나 꼼꼼하게 감시하는 상사의 눈에서 벗어나 (상대적이기는 하지만) 숨쉴 공간을 다소 즐길 수 있는 기회이기도 했다. 모빌리티는 어느 정도의 자율성을 제공했다. 최소한 스마트폰과 와이파이가 우리 생활에서 가장 중요한 물품이 되기 전까지는 말이다. 의사소통과

---

3 (역주) 카산드라는 그리스 신화에 등장하는 트로이의 공주다. 카산드라는 '예언 능력'을 갖고 있지만, 아무도 그녀의 예언을 믿지 않는 저주받은 예언자이기도 하다. 카산드라가 트로이전쟁 당시 목마를 성 안으로 들여서는 안 됨을 예언하지만, 그 누구도 그녀의 말을 믿지 않은 결과 트로이는 멸망하게 된다.

관련해서 보면, 다음 전화기에 닿을 수 있을 때까지, 거기서 다시 한 번 세계 속으로 들어가 세계와 '재연결될' 때까지, 우리는 세계와 단절되어 있었다. 하지만 오늘날 공무상 여행은 즐거운 경험과는 거리가 멀다. 경제 위기 시대 교통 조건은 이전보다 훨씬 더 불편하다. 20년 뒤에는 공무상 장거리 여행을 하는 사람이 사무실 '책상 뒤에서' 일하는 동료를 부러워하게 될 것이다. 머지않아 이동은 매력을 잃고 그 예외적 성격도 상실할 것이다. 19세기와 20세기 여행이 주었던 타자성과 발견의 약속은 거의 남아 있지 않을 것이다. 2030년에는 이동이 진부하고 피곤한 일, 즉 거의 하기 싫은 일이 될 것이다.

지구화는 모빌리티를 표준화하고 합리화했다. 또한 지구화는 경계를 지워 버림으로써 일을 더 조밀하게 만들었다. 오늘날 많은 사람들은 이동 시간을 일하는 데 활용한다. 더 나아가, 모빌리티는 조만간 (현재 앉아서 하는 업무나 직무에 종사하는 사람들을 포함한) 모든 사람에게 영향을 끼칠 것이다. 모빌리티에 대한 요구가 한 분야씩―심지어는 보통 '고정된' 장소에서 일하는 사람들 속으로―침투해 들어가고 있기 때문이다. 오늘날 원격 수리 서비스나 사이버 도서관을 이용하는 것은 유별난 일이 아니다. 불과 몇 년 전만 해도 전혀 생각할 수 없었던 일인데 말이다. '네트워크 회사'(마누엘 카스텔Manuel Castells)의 일상생활은―어느 정도까지는―원격으로 가능한 작업들로 이루어지게 될 것이다. 기업은 어쩌면 더 이상 전혀 실존하지 않게 될지도 모른다. 그 대신 기업은 네트워크 인프라로 대체될 것이다. 우리는 네트워크 인프라에서 구상하고, 설계하고, 생산하고, 판매하게 될 것이다.

원격근무란 무엇인가?
어디에서 전개될 것인가?

모빌리티는 새로운 게 아니다. 이동하는 기술자, 트럭 운전사, 영업사원, 승무원, 가내 돌봄노동자, 감독관, 그 외 아주 많은 사람들에게 이동은 언제나 직무 기술에 포함되어 있었다. 하지만 정보통신테크놀로지ICTs는 그것을 근본적으로 바꾸어 놓을 가능성이 있다. 전자상거래와 원격근무 트렌드Electronic Commerce and Telework Trends(ECATT) 규준에 따르면, 노동자가 회사 외부 또는 집에서 일주일에 10시간 이상 일하고 데이터를 온라인으로 업로드해서 공유할 경우 그 일자리는 '이동적'인 것이다. 기업의 모빌리티 시스템 연구 결과에 따르면, 재택근무자의 경우 사실상 80퍼센트의 활동을 회사 외부에서 수행한다.[4] 지금은 선구자로 보이는 그런 개인은 20년 후에는 통상적 고용 모델의

---

4 Kesselring (S.) and Vogl (G.), *Betriebliche Mobilitätsregime. Die sozialen Kosten mobiler Arbeit*, Berlin: Edition Sigma, 2010. Kesselring, Sven and Gerlinde Vogl, "…travelling, where the opponents are': Business travel and the social impacts of the new mobilities regimes." pp. 145-162 in International *Business Travel in the Global Economy*, edited by J. Beaverstock, Derudder (B.), Faulconbridge (J.), Witlox (F.), and Beaverstock (J. V.), Farnham, Surrey, Ashgate, 2010.

선배로 여겨질 것이다.

　그런 인물의 진가를 충분히 알아보려면, 우선 그런 현상이 초래한 사회적 영향을 생각하지 않을 수 없다. 그런 변화는 어떤 결과를 초래할 것인가? 모든 사람이 계속 움직이고 모든 것이 "액체적"이고 불안정하다면 관계, 신뢰, 정체성 형성, 사회의 방향 등은 어느 정도나 가능할 것인가?

재택근무가 사회적 관계에 미치는 영향

오늘날 사회학은 모빌리티 증가가 사회 구조와 대인관계의 극심한 변화를 수반할 것으로 예측한다. 고삐 풀린 모빌리티는 의심의 여지 없이 사회적 연결을 팽창시키고, 그래서 관계의 상실을 초래할 위험이 있다. 사회적 필요의 훼손보다 모빌리티와 유연성에 우선성을 부여한다면 도착하기와 떠나기 사이에, 현존 관념과 부재 관념 사이에 설정된 깨지기 쉬운 균형은 유지될 수 없다. 자칭 모빌리티 선구자들 가운데 극소수만이—새로운 테크놀로지의 진정한 거장들이라고 해도—안정된 관계를 유지할 수 있을 뿐이다. 그런 만큼 우리는 이동이 새로운 만남을 조장한다고 믿을지로 모른다. 이 비행기에서 저 비행기로 점프하는 자유로운 급진주의자는 뛰어난 커뮤니케이터**여야만**

하는데, 이는 자기 움직임의 안정적 중심이 있을 때만 가능하다. 미래의 노동자가 모빌리티 요구를 효율적으로 조직하는 방식은 환경으로부터, 더 중요하게는 회사로부터 얻어낼 구조적 지원에 폭넓게 의존한다. 또한 그것은 이동과 관련된 개인의 소질(모틸리티), 그리고 그들이 가족·친구·동료 등과 행복하고 건강한 장거리 관계를 유지할 수 있는 수준에도 크게 의존한다. 새로운 통신테크놀로지는 언제 어디서나 우리가 집에 있는 것 같은 느낌을 갖도록 해 줄 것이다. 그런 점에서 가상의 연결성은 최적의 것일 수 있지만, 가족이나 친구에 대한 책임감 측면에서 보면 업무 때문에 늘 떠나 있는 사람을 계산에 넣기란 불가능하다는 점까지 바꾸어 놓지는 못한다.

파트너와의 헌신적 관계를 추구하는 사람, 또는 자식 교육에 참여하기를 원하고 사랑하는 사람을 위해 시간을 낼 수 있기를 바라는 사람은 모빌리티를 요구하는 부문에서 경력을 쌓겠다는 생각을 거의 포기해야 한다. 자식을 돌보는 일과 친밀한 관계를 유지하는 일은 물리적 현존과 연속성을 필요로 한다.

끝으로 우리는 모빌리티 증가 경향이 어떤 기회를—그러나 어떤 사회적 위험 역시—제공한다고 말할 수 있다. 재택근무가 규칙인 사회는 인간 존재들 사이의 관계, 특히 이동적인 사람과 그렇지 못한 사람—떠돌아다니는 이들과 머물러 있는 이들, 이동하고 있는 이들과 뒤에 남아 있는 이들—사이의 관계를 변화시킨다. 재택근무가 새로운 사회 규범이 됨에 따라 우리는 전례 없는 형태의 모더니즘이 등장하고 있음을 목도하게 된다. 오늘날 우리가 알고 있는 것과는 너무나도 거리가 먼 그런 모더니즘 말이다.

영구적 이동의 시대에 온 것을 환영한다. 이는 우리가 끊임없이 서로 마주치더라도 약속을 하지 않으면 여전히 서로를 볼see 수 없는 그런 시대다.

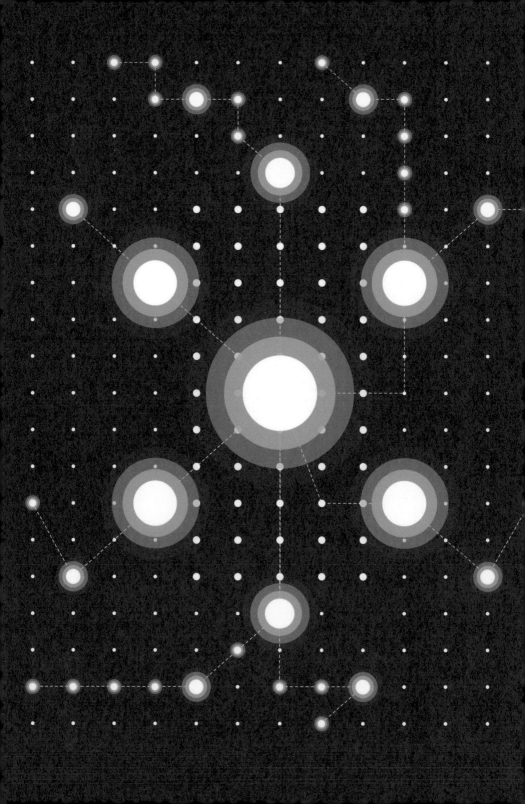

프랑크 셰레*Franck Scherrer* *

정주定住적 반란

— 제11회 연례 정주 블록 컨퍼런스 기조 발표(2030년 11월14일)

The Sedentary
Rebellion
Inaugural
Speech

for the 11th Annual Sedentarian
Bloc Conference,
November 14, 2030

* 몬트리올대학 도시연구소 소장

동지들!

우리가 운동을 시작한 지 20년이 되었습니다. 이 운동은 온갖 역경을 겪으며 힘을 얻었고, 살아가는 내내 느꼈던 조용한 분노와 매일매일 시달린 명예훼손에 자극을 받았습니다. 그런데 우리는 단순하지만 강력한 생각, 즉 정주해 있을 권리the right to be sedentary를 세계가 수용하도록 만드는 데 성공했습니까? 우리는 확실히 말할 수 없습니다. 우리 모두가 알고 있듯이 겉보기에는 우리가 공권력이 베푸는 관용을 누리는 것 같지만 이는 허울에 불과합니다. 우리는 지배이데올로기와 그 정치-매체의 폭정 아래서 체계적으로 소멸해 왔습니다. 그 폭정은 우리를 〈모빌리티 권리와 책임 헌장the Charter of the Rights and

Responsibilities of Mobility〉에 복수하는 악마들로 묘사합니다. 오, 신성 모독이여! 그러나 우리는 우리야말로 그 헌장의 (적어도 그 정신의) 유일한 참된 옹호자임을 느낍니다.

물론 우리는 책임감을 갖지 않으면 안 됩니다. 우리는 20년도 채 되지 않아 우리를 수도에서 타르페이아 절벽[1]으로—적은 이동의 미덕에서 비활동적 부동성의 악덕으로—밀어낸 과정, 은밀하면서도 사악한 그 과정을 설명하는 데 딱 맞는 말을 발견할 수 없었습니다. 저는 오늘 이 자리에서 몇 마디 짧은 말로 우리의 선의를 설명하고, 또 궁극적으로 오해를 바로잡으려고 합니다.

역사가는 사회적이고 정치적인 변화의 출발점을 인식하는 게 얼마나 어려운 일인지 잘 알고 있습니다. 나는 우리 운동의 전사前史가 2011년 초에 시작되었다는 사실이 너무나도 맘에 듭니다. 당시 세계보건기구는 전 세계 모든 사람들이 21세기 주요 전염병 가운데 하나라고 생각한 것, 즉 비정상적으로 높은 비만 사망률을 격렬하게 비난했습니다. 그때 세계보건기구는 잊을 수 없는 그 표현, '비만의 쓰나미'라는 표현을 처음 사용하며 그 사망률을 기술한 바 있습니다. 오늘날 우리는 타임스퀘어에 있는 유명한 시계를 잘 알고 있습니다. 미국인의 계속 줄어드는 기대수명을 천천히 쉬지 않고 카운트하는 그 시

---

1 (역주) 이탈리아 수도 로마의 카피톨리노 구릉에 있는 절벽. 로마 시대 범죄자나 반역자를 떨어뜨려 처형했던 장소.

계 말입니다. 그래서 나는 그 문제를 다시 거론하지는 않을 것입니다.

사실 초창기에는 우리의 활동이 활발하지 못했습니다. 비만을 초래하는 유일한 위험 인자로서 정주성이 (정크푸드 이후) 사후 고안물로서 도래했습니다. 그때 우리는 환경적 요인의 결정형성crystalization, 즉 전 지구적 공중보건 평가에서 동시에 이루어지고 있던 결정형성의 가능성을 고려하지 못했습니다. 나노 입자 오염물질이 치명적인 심혈관 질환 발병에 미치는 영향(콜레스테롤보다 20~100배)을 2010년 이전에는 오직 소수의 전문가만 알고 있었다는 사실을 우리는 (믿기 어렵겠지만) 기억할 필요가 있습니다! 그래도—모터 달린 '비활동적inactive' 모빌리티와 변함없는 압도적 자동차 사용에 연관된 사람들처럼—대기오염이 **건강**에 미치는 위험에 점점 더 주목하게 되면서, 우리의 관행은 기후변화의 위험에 주목했을 때보다 더 급격하게 변화했습니다(억압적 공공정책의 실행은 더 말할 필요도 없습니다). 특히 나이도 먹고 생식력도 줄어든 서구 사회에서 살아가는 우리와 우리 아이들은, 멀리 떨어져 있는 태평양 환초Pacific atoll[2]의 굴복보다 오래된 죽음의 신을 더 두려워합니다. 어쨌든 실질적인 감소가 너무 늦게 이루어지긴 했지만, 모두를 온실가스 속에 그대로 둘 수는 없었던 것입니다.

활동적 모빌리티active mobility의 우위는 인간의 창의력과 아대륙亞大陸 인도가 생산해 낸 여러 형태의 걷기(우리가 알고 있는 무수히 많은 명

---

2 (역주) 태평양 중앙에 위치한 미국령 섬.

칭)와 칼로리보어calorivores(자전거의 후예들) 속에 살아 남아 있습니다.

한데, 모빌리티에 대한 권리가 갈수록 암암리에 활동적 모빌리티의 **의무**가 되기 시작했습니다. 그러나 모빌리티에 대한 권리가 도덕적 강제를 통해서 발생한 게 아닌 한, 옛 도시 광장에서 저항을 과시하는 일은 여전히 가능했습니다. 오늘날 우리 운동의 시작은, 기억하겠지만 불법 차량(0유로급[3])으로 탈탄소 도시 지역을 은밀하게 대규모로 횡단했던 자동차 행동주의자들의 무모한 장난과 불법적으로 연결되어 있습니다. 우리의 실질적 선배들은 활동적 교통양식의 유일한 대안으로서 끼어든 통신테크놀로지를 통해 가상 모빌리티의 미덕을 성공적으로 옹호한 바 있고, 그래서 오히려 '긱 모빌리티geek mobility'(명백히 똑똑하고 건설적인 명제) 지지자들 사이에 자리해 있습니다. 하지만 유감스럽게도 우리 선배들이 비디오게임 콘솔로 자신의 평균 체중을 계속 측정하는 데 동의하자, 미디어는 그 결과를 널리 알리려고 재빨리 움직였습니다. 더 말할 필요도 없이, 우리 선배들은 대중의 눈앞에서 만신창이가 되었습니다. 광의의 모빌리티 개념—단순한 공간상의 이동보다 더 넓은 개념—에 대한 인식의 희망은 결국 소박한 금언의 유창함에 굴복하고 말았습니다. "활동적 모빌리티는 물리적이고 그래서 공간적이다."

활동적 모빌리티에 대한 요구가 모빌리티 시장에서 무기를 발견하

---

3 (역주) 유럽연합이 대기오염을 예방하기 위해서 만든 자동차 배기가스 등급 가운데 가장 낮은 등급.

자 전혀 다른 전환이 일어났습니다. 훌륭한 경제학자들은 그런 요구야말로 교통문제를 해결할 수 있는 가장 좋은 방법이라고 정부가 믿게 만들 수는 있었지만, 훗날 자신들의 생각이 얼마나 오용될지 상상하지 못했습니다. 우선 그것은 공간과 에너지 자원 부족을 해결하기 위해 도시 모빌리티를 공정하게 할당하는 제도를 수립하는 데로 이어졌습니다. 처음 생각은 매우 아름다웠습니다. 모든 개인이 살아가는 동안 필요할 경우 사용·판매·구매할 수 있는, 정보테크놀로지 덕분에 매우 사용자 친화적인 모빌리티 적립금mobility reserve을 할당받는 것이었습니다. 재정적 지원도 잘 이루어져서 저임금 가정이 모빌리티 포인트를 낮은 가격에 얻을 수 있도록 했습니다. 사람들이 모빌리티 포인트를 부동산 자본 또는 도시 자산과 교환할 수 있는 파생상품 시장 계획도 수립되었습니다. 도시 설계자들이 볼 때, 이는 도시 확산을 늦출 수 있는 꽤 훌륭한 방법이었습니다. 예컨대 우리는 20~30년 동안 적립한 가족 모빌리티 포인트로 중심부 주택 가격을 충당할 수 있는 시스템을 상상한 것입니다.

하지만 개인의 적립 포인트를 계산할 때 '좋은' 모빌리티와 '나쁜' 모빌리티를 고려해야 한다고 신-위생학 로비 단체가 주장하면서 모든 게 엇나가게 되었습니다. 그때 이후 수동적 모빌리티 포인트는 훨씬 더 엄격한 기준을 적용하도록, 즉 활동적 모빌리티 포인트에 이익이 되도록 분배되었습니다. 바로 이때 정주주의의 첫 번째 수호자들이 등장했습니다. 처음에 우리는 단지 더 나은 세계를 원했습니다.

가능한 한 적은 움직임을 지지하는 우리야말로 모빌리티 적립금을 누구보다도 더 많이 비축함으로써 모빌리티 할당 제도에 가장 잘 대응할 수 있는 최고의 위치에 있지 않았습니까? 모두가 열광한 우리의 신조를 기억하십니까? 모빌리티의 자발적 폐기는 어떻습니까? 운항과 맞바꾼 지역 모빌리티 네트워크는? 이는 새로운 유토피아 같았습니다. 한데 우리를 탄압하는 세력은 도덕질서로 무장하고 있습니다. 우리는 (어쩌다 보니 지구상 가장 폭발적인 시장 가운데 하나가 된) 모빌리티 포인트에 투기하는 더러운 시장 투기꾼—달리 무엇이겠습니까?—이라는 비난을 받았습니다. 다른 한편으로, 우리는 더 건강한 세계를 만들려는 집단적 노력을 허무는 집단으로 매도당했습니다. 우리의 저항운동에 불을 지른 것은 연간 활동적·집단적 모빌리티 포인트를 연말까지 다 써 버리도록 규정한 그 악랄한 법 아닙니까? 그럼에도 불구하고 그들은 우리를 여전히 공공의 수치로 묘사하고 있습니다.

우리는 잘 알고 있습니다. 이 법이 시행된 이후 약 10년 동안 우리가 침묵하는 다수를 대변해 왔음을. 지배이데올로기는 이 시스템의 부조리한 부산물을 조롱하는 것을 막을 수 없습니다. 사용하지 않은 집단 모빌리티 포인트를 연말까지 다 써 버리려는 목적이 아니라면, 횡단노선을 달리는 초고속 (보통 텅 빈) 철도는 왜 크리스마스 직전이면 한 무리의 경영진들(재국영 철도회사Renationalized Railroad Company의 배타적 혜택)로 가득 차는 것일까요? 떼지어 돌아다니는 노인들의 인파로 북적이는 도시 근교 트레킹 여행은 두말할 필요도 없습니다. 적어도 우리는 모빌리티 포인트의 쓰임새를 찾아냈습니다. 오늘날 모빌리티 포인트는 우리 선배들이 도시 순환도로 설계 시 요구했던 모든 녹지축green corridors에 새로운 용도를 제공해 준다는 것입니다.

우리는 (GPS 때문에 실시간으로 읽히는) 만보계의 폭정에서 탈출할 수 있을까요? 우리는 모빌리티에 대한 권리, 즉 돌아다님에 대한 단순한 요구와는 다른 어떤 관념에 의해 찬탈되거나 오염되지 않은 그런 모빌리티 권리를 다시 발견할 수 있을까요? 우리는 적극적이고, 명백하고, 소박한 태도를 취함으로써 호전적인 사람들까지도 끌어들여야 합니다. 모빌리티에 대한 권리는 "노!" 질 좋고, 오래되고, 복잡하지 않은 교통에 대한 권리로 돌아가는 것은 "예스!"

당국은 우리의 사생활뿐만 아니라 우리의 내밀한 세계 내 존재 방식에까지 전능한 것처럼 개입해서는 안 됩니다. 왜 정부는 기차와 버스의 운행을 확실하게 고집하지 않는 것이며,—좋았던 옛날에 그랬듯이—기차와 버스 탑승과 관련한 선택의 자유를 우리에게 부여하지 않습니까? 더 중요하게는, 정주성이 영화 〈스타워즈〉에 나오는 후트Hutt 같은 나무늘보 이미지의 흉물스런 자바(체지방이 과도하게 많은 사람)를 연상시키지 않도록 움직입시다mobilize. 부동성immobility의 고귀함을 수호합시다—체현합시다!

(앉아서 박수)

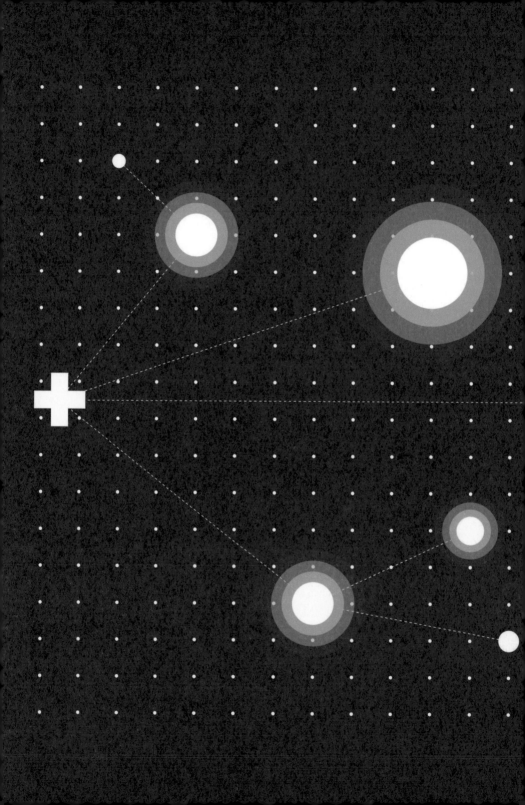

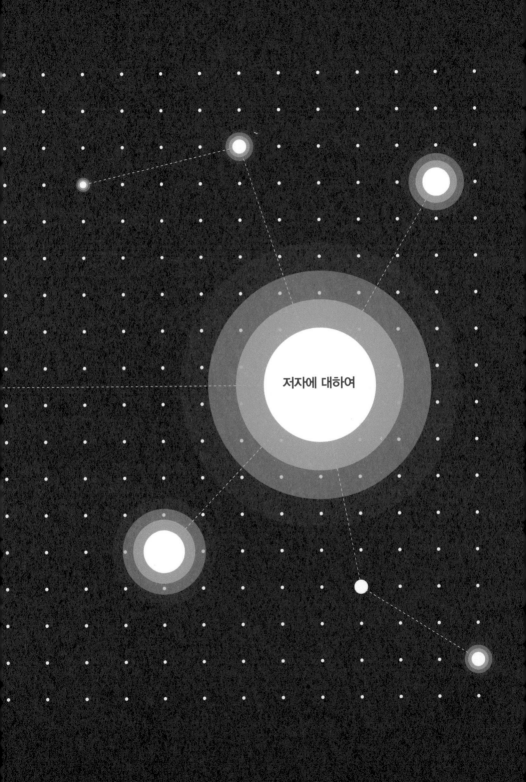

저자에 대하여

후안 파블로 보카예로_Juan Pablo Bocajero_(콜롬비아, 1968)는 엔지니어로 파리 에스트대학에서 박사학위를 받았다. 공학 연구회사의 디자인 기술감독으로서 대중교통 체계 개선, BRT 노선 개발, 라틴아메리카 도시 모빌리티 조사 등 수많은 프로젝트에 참여했다. 콜롬비아 소재 안데스대학 교수이자 '지속가능연구소the center for sustainability studies' 소장이다. 연구 분야는 교통경제학, 모빌리티, 도로 안전 등이다.

줄리안 보드로_Julie-Anne Boudreau_(캐나다, 1974)는 로스앤젤레스 캘리포니아대학 공공정책 및 사회조사학과School of Public Policy and Social Research에서 도시 연구로 박사학위를 받았다. 몬트리올 소재 '사회문화도시화센터Centre Urbanisation Culture Société'의 국립과학연구소 부교수이자 캐나다 도시 · 안전문제 연구위원장이다. 정치적 동원, 도시화, 국가 재구조화 과정 간 관계를 중심으로 연구를 수행하고 있다. 다양한 연구를 통해 불안의 감정과 모빌리티 · 전치displacement의 체험이라는 각도에서 그 관계에 물음을 던진다. 《도시와 지역 연구 국제 저널International Journal of Urban and Regional Research》의 공동 편집자이며, 저서로 《변화하는 토론토: 도시 신자유주의 통치하기Changing Toronto: governing urban neoliberalism》(로저 케일Roger Keil, 더글라스 영Douglas Young 공저, University of Toronto Press, 2009)가 있다.

이브 크로제_Yves Crozet_(프랑스, 1952)는 리옹대학(정치학 연구소Institute for Political Studies) 경제학 교수이자 '교통경제연구소LET: ransportation economics laboratory' 회원이다. 1997년부터 2007년까지 이 연구소 소장을 역임했다. 프랑스 교통부와 교통 · 환경감시센터French monitoring center for transportation and the environment의 공공정책 조사 워크 그룹Work Group #6의 회장이자, 프랑스 철도네트워크 행정협의회 위원이다.

마티아스 에차노브_Matias Echanove_(스위스/스페인, 1976)는 고아(인도) 소재 '도시학연구소Institute of Urbanology' 공동 연구소장이자 뭄바이 기반 도시학 프로젝트Mumbai-based Urbanology Projects LLP의 창립 파트너다. 도시 연구자와 활동가들의 세계적 단체 urbz.net의 창립 회원이기도 하다. 런던정경대학에서 경제학과 통치구조를, 컬럼비아대학에서 도시계획을, 도쿄대학에서 도시정보시스템을 공부했다. 도시 문화, 도시계획, 정보테크놀로지, 예술 등에 관한 책을 정기적으로 출판하고 있으며, 2006년부터 라훌 스리바스타바와 함께 블로그 www.airoots.org를 공동으로 운영하고 있다.

크리스토프 게이|_Christophe Gay_(프랑스, 1961)는 실비 랑드리에브와 함께 모바일 라이브스 포럼을 운영하고 있다. 프랑스 도시 및 주요 기관의 이미지 개선 작업을 진행한 뒤 프랑스 국영철도에 합류했다. 여기서 지방급행열차Transport Express Régional의 교통을 담당했고, 이후 연구와 전략기획을 담당했다. 국제사법私法(파리11대학, 캔터베리의 켄트대학), 정치학(파리1대학), 심리학(파리10대학) 등 다학제적 배경을 갖고 있다.

뱅상 카우프만_Vincent Kaufman_(스위스, 1969)은 로잔공과대학 도시사회학 및 모빌리티 연구 전공 교수다. 로잔공과대학 '도시사회학연구소laboratory of urban sociology' 책임자이자, 이 대학 '교통-연구소center for transportation research'

공동 연구소장이기도 하다. 제네바대학에서 석사학위를 취득한 뒤, 로잔공과대학에서 양식적 실천modal practice의 기저 행동 논리에 대한 연구로 박사학위를 받았다. 랭커스터대학(2000), 국립교량학교École des Ponts(2001~2002), 루뱅가톨릭대학 등의 초빙연구원을 역임했다. 근대사회와 그 환경이 경험한 변화와 관련해서 모빌리티 문제를 연구하고 있다. 저서로《모빌리티의 역설Les Paradoxes de la Mobilité》(Presses Polytechniques et Universitaires Romandes, 2008)과《도시를 다시 생각하기Re-thinking the City》(Routledge, 2011) 등이 있다.

스벤 케설링Sven Kesserling(독일, 1966)은 뮌헨 루트비히막시밀리안대학에서 사회학 박사학위를 받았다. "mobil.TUM"의 연구책임자이고, 뮌헨공과대학의 모빌리티 · 교통연구소에 참여했으며, '코스모빌리티스 네트워크Cosmobilities Network'를 공동으로 설립했다. 2008년 독일 카셀대학에서 사회학 이론 임시직 교수로 일했고, 2009년 덴마크 알보그대학 초빙교수가 되었다. 학제적 모빌리티 연구 분야에서 광범위한 출판 활동을 해왔고, 2009년에는 사울루 퀘르네르Saulo Cwerner · 존 어리John Urry와 함께《에어로모빌리티Aeromobilities》(London: Routledge)를, 2018년에는 비어트 칸츨러Weert Canzler · 뱅상 카우프만과 함께《모빌리티 추적하기: 코스모폴리탄적 관점을 위하여Tracing Mobilities. Towards a cosmopolitan perspective》(Aldershot, Burlington: Ashgate)를 공동 편집했다. 기타 주요 출판물로 울리히 벡Ulrich Beck, 마아르텐 헤이저Maarten Hajer, 스벤 케설링 편,《정치의 흐릿한 장소Der unscharfe Ort der Politik》(Ambivalent Politics) (Opladen: Leske + Budrich, 1999)가 있다.

실비 랑드리에브_Sylvie Landrième_(프랑스, 1962)는 크리스토프 게이와 함께 모바일 라이브스 포럼을 운영하고 있다. 이전에는 BNP 리얼 에스테이트의 부동산 및 도시 프로젝트 책임자를, 그 후에는 프랑스국영철도에서 프로젝트 책임자를 역임했다. 파리1대학에서 역사학, 지리학, 지도학 등을 공부한 뒤 파리 정치대학Sciences-Po in Paris에서 개발, 도시계획, 지역 개발 등을 연구하여 석사학위를 받았다. 공공정책 경영(파리10대학)으로 연구석사학위를 취득했으며 토지연구학술위원회Études Foncières scientific council 회원이다.

올리비에 몽쟁_Olivier Mongin_(프랑스, 1951)은 프랑스 철학자다. 저널《에스프리Esprit》를 편집하고 있고, 문화 · 과학 출판협회Syndicat de la Presse Culturelle et Scientifique 부회장, 저널《어버니즘Urbanisme》의 편집위원, 실무 그룹 메트로폴리탄Les Métropolitaines의 공동 창립자이다. 또한, 아이디어공화국 République des Idées의 부회장으로서 베르사유 소재 국립조경학교에서 학생들을 가르치고 있다. 몽쟁은 수많은 논문을 발표했는데, 대표적인 것으로는 2007년 출판된《도시의 조건La condition urbaine: la ville à l'heure de la mondialisation》이 있다. 지금은 '흐름의 도시'에 관한 책을 쓰고 있다.

장 피에르 오르푀유_Jean-Pierre Orfeuil_(프랑스, 1949)는 파리광업대학 공학자다. 파리6대학에서 통계학 박사학위를 받았다. 오르푀유는 국립 프랑스 도로 · 안전연구원에 참여해서 사회과학 쪽으로 나아갔다. 여기서 공간과 모빌리티 경제학과를 이끌었다. 1998년 이후에는 파리 에스트(크레테이유)대학 도시연구소 교수로 재직했다. 2000부터 2007년까지

C.r.e.t.e.i.l.(Lab'Urba)의 연구소장으로서 세계 여러 도시의 다양한 모빌리티 관련 문제를 연구했다. 오르퓌유는 국제적 · 국가적 · 지역적 수준에서 조직된 수많은 전문가 패널 및 실무 그룹에 참여했다. '움직이는 도시 연구소Institut de le Ville en Mouvement' 창립 이후에는 이 연구소의 이사회 의장을, 그리고 2009년 12월부터는 학술위원회와 운영위원회 위원장을 역임했다.

프랑크 셰레_Franck Scherrer_(프랑스, 1960)는 몬트리올대학 도시연구소를 이끌고 있다. 2010년까지 리옹의 도시연구소(리옹-2대학) 책임자였다. 프랑스 국립과학연구원 '기술 · 영토 · 사회연구소Techniques, Territoires, Sociétés Laboratory'의 일원으로서 테크놀로지와 도시 환경 간 관계의 장기적 발전, 오늘날 테크놀로지와 도시 환경의 진화, 집단적 도시 활동의 새로운 양식들, 도시개발의 시간성 및 도시정책 등과 관련해서 도시 서비스 네트워크(물과 교통)를 조사하고 있다. 지속가능한 모빌리티연구소Observatoire de la Mobilité Durable의 공동연구원이다.

라훌 스리바스타바_Rahul Srivastava_(인도, 1969)는 뭄바이, 델리, 케임브리지(영국) 등지에서 사회 · 도시인류학을 연구했다. 현재 고아의 도시학연구소 공동 연구소장이자 뭄바이의 도시학 프로젝트 LLP의 파트너다. 도시 연구자들과 활동가들의 세계적 단체 urbiz.net의 창립 회원이기도 하다. 뭄바이를 중심으로 도시화된 노마드들의 민족지리와 관련한 연구물을 발표했고, 인도 펭귄출판사에서 소설을 출판하기도 했다. 마티아스 에차노브와 함께 블로그 www.airoots.org를 개설하여 운영하고 있다.

스테파니 뱅상-지랑 Stéphanie Vincent-Geslin은 파리-데카르트대학에서 사회학 박사학위를 받았다. 현재 스위스 로잔공과대학 도시사회학연구소LaSUR 연구원이자 모바일 라이브스 포럼의 학술기획 책임자다. 모빌리티 행동 전문가로서 저술한 박사학위 논문은 2009년 도시논문상을 수상했고, 《대안모빌리티Altermobilités: mode d'emploi, déterminants et usages de mobilités alternatives au tout voiture》로 출판되었다. 장거리 통근자와 장기간 통근자의 등장에 관한 연구를 통해 그들의 관행과 그것이 사회적 관계, 가족, 도시 등에 미치는 영향에 대한 더 나은 이해를 시도하고 있다.

카트린 비톨 드 뱅당 Catherine Wihtol de Wenden(프랑스, 1950)은 프랑스국립과학연구소 연구책임자다. 30년 동안 국제이주 분야의 연구자로 활동했다. 파리정치대학과 파리1대학에서 공부했다. 1986년 정치학으로 박사학위를 받았다. 파리정치대학, 라 사페인자대학(EU 소크라테스 프로그램)에서 강의를 하기도 했다. 국제 사회학회의 이주 연구위원회의 회장(2002~2008)을 역임했고, 몇몇 국제 조직(유엔난민기구, 유럽평의회, 유럽연합 집행위원회 등)의 전문위원으로 활동하기도 했다.

모바일 라이브스 포럼은 프랑스 국영철도의 지원으로 2011년 창립한 모빌리티 관련 독립 연구 및 교류 기관이다. 사회학자 뱅상 카우프만의 학문적 지도 아래 모빌리티를 물리적 운동이자 사회적 변화로서 연구하고 있다. 이 포럼의 목표는 모빌리티적 생활 방식의 변화를 이해하기 위한 수단을 제공하는 것, 그리고 그런 변화를 준비하고 또 그에 영향을 미치는 것이다.

모바일 라이브스 포럼은 모빌리티 이행을 준비한다. 오늘날 생활 방식은 자유의 원천이지만 피로와 소외의 원천이기도 하다. 기후변화, 석유의 고갈과 비용 증가, 도시의 혼잡과 공해 등은 물리적 이동, 전기통신, 우리의 활동 간 균형에 영향을 미치고 있고 또 점차 영향을 미치게 될 것이다.

모바일 라이브스 포럼은 이런 균형에 대해 다시 생각해 보고, 미래에 좋은 모빌리티적 삶이란 과연 어떤 것인지 탐구한다. 개인과 사회 모두의 측면에서 말이다. 그럼으로써 개인, 사업, 정부 등의 수준에서 변화를 촉발할 수 있는 지렛대를 찾아보려고 한다.

모바일/임모바일 1

2021년   1월 29일 초판 1쇄 발행

지은이 ㅣ 크리스토프 게이 · 뱅상 카우프만 · 실비 랑드리에브 · 스테파니 뱅상 지랑
옮긴이 ㅣ 이진형
펴낸이 ㅣ 노경인 · 김주영

펴낸곳 ㅣ 도서출판 앨피
출판등록 ㅣ 2004년 11월 23일 제2011-000087호
주소 ㅣ 우)07275 서울시 영등포구 영등포로 5길 19(양평동 2가, 동아프라임밸리) 1202-1호
전화 ㅣ 02-336-2776 팩스 ㅣ 0505-115-0525
블로그 ㅣ bolg.naver.com/lpbook12
전자우편 ㅣ lpbook12@naver.com

ISBN 979-11-90901-12-3